Heribert Prantl
Die Welt als Leitartikel

Heribert Prantl

Die Welt als Leitartikel

Zur Zukunft des Journalismus

Herausgegeben von
Hannes Haas

Theodor-Herzl-Vorlesung

Picus Verlag Wien

Die Theodor-Herzl-Dozentur wird unterstützt von:
Stadt Wien,
Kuratorium für Journalistenausbildung (Salzburg),
Universität Wien.

Copyright © 2012 Picus Verlag Ges.m.b.H., Wien
Alle Rechte vorbehalten
Umschlagfoto: © Brigitte Friedrich
Grafische Gestaltung: Dorothea Löcker, Wien
Druck und Verarbeitung: Remaprint, Wien
ISBN 978-3-85452-683-4

Informationen über das aktuelle Programm
des Picus Verlags und Veranstaltungen unter
www.picus.at

Inhalt

Hannes Haas
Ein dialektischer Optimist und Mutmacher.
Heribert Prantls Bekenntnis zum Journalismus
Vorwort 9

Drei Vorlesungen zur Poetik des Journalismus
(April/Mai 2011)

Zwischen Morgen und Grauen
Oder: Die Zeitung ist tot, es lebe die Zeitung 25

Der Meinungsjournalismus
Journalisten sind wie Schnittlauch? Wozu es
Leitartikler und Kommentare gibt 51

Pressefreiheit: Ein Grundrecht zur bequemen
Berufsausübung? 83

Aus der Werkstatt

Absaufen und Tee trinken 117
Vergelt's Gott 120
Tischlein-deck-Dichs Ende 125
Das Bannflüchlein 128
Gnade dem Präsidenten 136
Was zählt 140

Hannes Haas
Ein dialektischer Optimist und Mutmacher.
Heribert Prantls Bekenntnis zum Journalismus
Vorwort

Es gibt Künstler, die nicht nur vom Publikum, sondern in besonderer Weise auch von ihren Kolleginnen und Kollegen geschätzt werden, nennen wir sie »Künstlerkünstler«. So etwas gibt es auch im Journalismus, den Typus des »Journalistenjournalisten«! Heribert Prantl, Mitglied der Chefredaktion und Leiter des Ressorts Innenpolitik der *Süddeutschen Zeitung*, ist so ein »Journalistenjournalist«. Einer, auf den man im Journalismus hört, weil er über den Beruf etwas zu sagen hat. Er hatte dazu in vielen Interviews mit österreichischen Medien Gelegenheit, vor allem aber in seinen Wiener Vorlesungen. Professor Dr. Heribert Prantl war der »Theodor-Herzl-Dozent für Journalismus 2011«. Dieses Buch enthält seine Herzl-Vorlesungen an der Universität Wien.

Als »konstruktiven Unruhestifter« hatte ich ihn angekündigt, als einen engagierten Verteidiger der Grundrechte, der auch den Journalismus immer wieder an seine öffentlichen Aufgaben erinnert. Und das ist gerade in krisenhaften Zeiten dringend notwendig, wenn bei der fieberhaften Suche nach »Geschäftsmodellen« die Kernaufgaben des Journalismus: Aufklärung, Kritik und Kontrolle, auf der Strecke zu bleiben drohen.

Den Chefredakteur der *Süddeutschen Zeitung*, einer der wichtigsten europäischen Qualitätszeitungen, zum Herzl-Dozenten zu machen, ist ganz leicht: Er hat meine Einladung spontan angenommen. Die Probleme begannen nach der Zusage: Die Dozentur ist Teil meiner jährlichen Journalismusvorlesung im Hauptgebäude der Universität am Ring jeweils am Mittwoch um zehn Uhr. Einen der SZ-Chefs drei Mal mitten in der Woche zur Vorlesung nach Wien zu bringen, ist mehr als eine logistische Herausforderung, es ist ein Kunststück, das letztlich nur durch die freundliche Unterstützung und das Improvisationstalent der Münchner Kollegen Prantls gelingen konnte. Dafür allen Beteiligten herzlichen Dank! Nach der Vorlesung fanden im Wiener Café Landtmann gelegentlich kleine telefonische Redaktionskonferenzen mit München statt. Es waren nicht die ersten Schlagzeilen, die dort entstanden sind.

***

Heribert Prantl war unser 13. »Theodor-Herzl-Dozent für eine Poetik des Journalismus«. Die Dozentur ist nach zwölf Jahren soweit etabliert, dass Journalisten bereits im Januar nachfragen, wer denn dieses Jahr kommen werde. Die Herzl-Dozentur ist unser Statement für Qualitätsjournalismus. Für einen Journalismus auf höchstem Niveau, der sich seiner Aufgaben für Gesellschaft und Demokratie bewusst ist. Die Journalistinnen und Journalisten, die wir einladen, haben etwas geleistet, das wir »ein Werk« nennen. Ein Werk, über das sich zu reflektieren lohnt. Die Frage der journalistischen Qualität soll über eine universitäre in eine allgemeine Öffentlichkeit getragen werden, die Vorlesungen sind auch für nicht studierende Interessierte frei zugänglich.

Und weil noch immer manche fragen: »Poetik« bedeutet »schöpferisch tätig sein, herstellen, verfertigen«. Die »Poetik des Journalismus« analysiert journalistische Werke, die Bedingungen ihrer Entstehung, die Methoden und Verfahren, die Kontexte und Herstellungsprozesse. Darüber und über ihre Position, ihre Arbeitsweisen und ihren Zugang zum Journalismus sprechen die Journalistinnen und Journalisten in ihren Vorträgen. Die Dozentur versteht sich als Teil einer langen und internationalen universitären Tradition, die in den Bereichen von Musik, Literatur und Kunst selbstverständlich geworden ist. Wir meinen, das sollte auch für einen Journalismus mit gesellschaftlichem Mehrwert gelten.

Für die organisatorische Unterstützung danke ich Dr.in Petra Herczeg und Martina Winkler, die sich seit der Gründung der Dozentur für dieses Projekt engagieren, ganz herzlich! Sie haben seit 2000 folgende Theodor-Herzl-Dozentinnen und -Dozenten betreut: Margrit Sprecher, Kai Hermann, Elizabeth T. Spira, Herbert Riehl-Heyse, Peter Huemer, Luc Jochimsen, Klaus Harpprecht, Gerhard Kromschröder, Sibylle Hamann, Antonia Rados, Alice Schwarzer, Florian Klenk und Heribert Prantl. Unterstützt werden wir dabei von der Stadt Wien, dem Kuratorium für Journalistenausbildung und seit 2009 auch von der Universität Wien, wofür ich mich an dieser Stelle ebenso bedanken möchte wie bei unseren Verlegern Dr. Alexander Potyka und Dorothea Löcker und ihrem Team bei Picus. Erfinder und Gründer der Dozentur ist Wolfgang R. Langenbucher, der mir 2008 die Leitung übergeben hat.

Die Karikatur am Ende dieses Vorworts verdanken wir dem großartigen Oliver Schopf, dessen Arbeiten unter anderem aus dem *Standard* und der *Süddeutschen Zeitung* bekannt sind. Er war nicht nur einer der Prantl-Hörer, sondern schloss sich nach der Vorlesung auch der Runde aus Journalismus und Wissenschaft zur Nachbearbeitung im Kaffeehaus an. Ich hatte eine Idee und Oliver Schopf hat aus dieser Spontanidee eine wunderbare Zeichnung gemacht: Er schuf eine narrative Karikatur der Vorlesung, sie erzählt eine Geschichte, nein, Geschichten, Details und Assoziationen, die er zusammenführt und auf den Punkt bringt. Dafür ein großes Danke!

Heribert Prantl behandelte in seinen Vorlesungen zentrale Fragen des Journalismus:

1. Die Zukunft des Journalismus: Zwischen Morgen und Grauen? Oder: Die Zeitung ist tot, es lebe die Zeitung.
2. Die Leitartikler und Kommentatoren als verkappte Politiker: Wozu und zu welchem Ende gibt es Meinungsjournalismus?
3. Pressefreiheit: Ein Grundrecht zur bequemeren Berufsausübung?

Er beeindruckte die Hörerschaft mit bannender Redekunst und Wissen, mit seinen Erfahrungen als Richter, Staatsanwalt, Chefredakteur und Professor. Prantl laviert nicht, er vertritt seine Überzeugungen mit Nachdruck. Sein journalistisches Credo: »Ein Journalist braucht keine Partei, er braucht Haltung. Im Wort Haltung steckt das Wort ›Halt‹: Die Gesellschaft braucht ihren Halt in den Grundwerten. Ich habe meine Aufgabe als politischer Journalist stets vor allem darin gesehen, für die Grundrechte und Grundwerte einzutreten: Respekt für Minderheiten, soziale Verantwortung, Gleichheit vor dem Gesetz. In der Präambel der schweizerischen Verfassung steht ein Satz, der mir unglaublich gut gefällt: ›Die Stärke eines Volks misst sich am Wohl der Schwachen.‹ Zu dieser Stärke möchte ich mit meinen Mitteln beitragen.« (2. Vorlesung am 11. Mai 2011)

So spricht ein journalistischer Mutmacher und solche braucht es heute mehr denn je. Sein Optimismus gründet auf Überzeugung und Haltung, einer unbedingten Forderung nach Qualität und dem Bekenntnis zur Erfüllung der öffentlichen Aufgaben des Journalismus, denn nur für die Erfüllung dieser Aufgaben gibt es das Grundrecht der Pressefreiheit. Es ist aber kein euphorisch-naiver, sondern ein dialektischer Optimismus, der ihn zum Mutmachen führt. Zu genau kennt er die Probleme, Schwächen und drohenden Gefahren, die zwischen »Morgen und Grauen« lauern: »Die große Gefahr für den Journalismus hierzulande geht vom Journalismus, von den Medien selbst aus – von einem Journalismus, der den Journalismus verachtet; von Verlegern und Eigentümern, die ihn wegen echter oder vermeintlicher Sparzwänge kaputt machen; von Medienunternehmen, die den Journalismus auf den Altar des Anzeigen- und Werbemarkts legen. In Zeiten der einbrechenden Anzeigenerlöse brechen auch die Grundsätze journalistischer Ethik schnell ein.« (1. Vorlesung am 13. April 2011)

Sein Befund deckt sich mit wissenschaftlichen Untersuchungen, in den Medien wird über die Medienkrise noch vorwiegend im Ressort »Ausland« berichtet. Aber auch bei uns befinden sich die klassischen Massenmedien und mit ihnen der Journalismus in einer Krise, genauer gesagt in einer Krise in der Krise. Ähnlich wie bei den berühmten russischen Holzpuppen, den Matrjoschkas, stecken diese Krisen ineinander. Zu sehen ist jeweils nur die oberste, das ist eine durch Wirtschafts- und Finanzkrise hervorgerufene ökonomische Krise, die zu Einbrüchen bei den Werbeeinnahmen geführt hat. Aber dahinter versteckt sich auch eine strukturelle Krise: Mediale Innovationen wie das Internet, eine individualisierte, zeit- und ortsunabhängige Mediennutzung und das Entstehen einer Gratiskultur auf den neuen Aufmerksamkeitsmärkten wurden von den analogen Medien einfach verschlafen. Die wunderbaren Margen, die man mit Medien erzielen konnte, sind durchwegs kleiner geworden. Viele Medieneigner haben erst reagiert, als die neuen Karten auf dem Tisch lagen beziehungsweise verteilt waren und registriert, dass sich – publizistisch und ökonomisch – ihr Blatt verschlechtert hat. Sie handelten und handeln nicht als publizistisch orientierte Verleger, sondern als Manager, die auf betriebswirtschaftliche Automatismen – von Strategien sollte man nicht sprechen – setzen. Sie reduzieren die Kosten auf Kosten des Produkts, verkleinern die Redaktionen und sparen beim Journalismus. Prantl warnt: »Pressefreiheit ist nicht die Freiheit, Redaktionen auszupressen. Pressefreiheit ist auch nicht die Freiheit, sie durch redaktionelle Zeitarbeitsbüros zu ersetzen, als gelte es, ein Callcenter eine Weile am Laufen zu halten. Pressefreiheit ist nicht die Freiheit der Heuschrecken, sondern die Freiheit verantwortungsbewusster Journalisten und Verleger. Heuschrecken fressen alles, auch die Pressefreiheit. Manchmal tarnen sich Heuschrecken auch als liebliche Käfer.« (1. Vorlesung am 13. April 2011)

Kann auch mit kleinen Redaktionen, die zur selben Menge an Output verpflichtet sind wie die zuvor noch größeren Redaktionen, das Auskommen gefunden werden? Nein: Weniger Personal, gleicher Output – das bedeutet, dass weniger Zeit für Recherche bleibt, eine Einschränkung der Themenwahl stattfindet, aufwendige, komplexe Geschichten nicht mehr vorkommen, weniger Zeit für die adäquate Aufbereitung zur Verfügung steht. Wer beim Journalismus, wer bei der Recherche spart, der riskiert demokratische »Flurschäden« (Jürgen Habermas) und mindert die Wahl- und Entscheidungschancen für die Öffentlichkeit. Es ist gefährlich, die wichtigsten Güter des Journalismus, nämlich seine Glaubwürdigkeit und das Vertrauen der Rezipienten aufs Spiel zu setzen. »Ein Journalismus, dem die Leute trauen und vertrauen, ist wichtiger denn je. Die große Frage lautet nicht: Wie schafft man Klicks, Reichweite, Auflage. Die große Frage lautet: Wie schafft man Vertrauen? Dann kommen auch Klicks, Reichweite und Auflage.« (2. Vorlesung am 11. Mai 2011) Merke: Nicht jede Erregung von Aufmerksamkeit ist auch schon Journalismus …

Der Atem des Journalismus droht kurz und flach zu werden. Beispiele gibt es mehr als genug: Wenn etwa Politikberater in TV-Interviews als politische Analytiker befragt werden, wir aber als Zuseher nicht erfahren, wen sie beraten, dann ist das der Königsweg – für die Politikberater. Für den politischen Journalismus aber ist es eine Strophe im Abgesang und für das Publikum Etikettenschwindel. Gleiches gilt für unzureichend gekennzeichnete Werbung in den Printmedien, also die Grenzüberschreitungen zwischen den strikt getrennt zu haltenden Abteilungen Redaktion und Anzeigen. Da wird ein Vertrauensgrundsatz gegenüber den Rezipienten gebrochen. Nie waren unsere Medien – auch die Qualitätsmedien – so voll mit Schleichwerbung, unzureichend gekennzeichneten Anzeigen, Advertorials, sogenannten Medienkooperationen und ähnlichen Täuschungen des Publikums. Diese Praktiken drohen zur Selbstverständlichkeit zu werden, für die man sich nicht einmal mehr geniert. Da werden – als Variation auf F.W. Bernstein – die schärfsten Kritiker der Elche selber welche. Die Sitten verludern, es fehlt am »Public Value«, der vor allem von anderen eingefordert wird. Dabei lohnte sich die Konzentration auf die öffentliche Aufgabe: »Ich bin davon überzeugt: Wenn die journalistische Bilanz der Zeitung, eines Medienunternehmens stimmt, dann stimmt langfristig auch die ökonomische.« (1. Vorlesung am 13. April 2011) Das Grundrecht der Pressefreiheit wurde nicht zur Förderung von Gewerbetreibenden erkämpft.

***

Heribert Prantl wurde am 30. Juli 1953 im oberpfälzischen Nittenau geboren. Die Familie – die Mutter Schneidermeisterin, der Vater Oberamtsrat und Stadtkämmerer von Nittenau und viele Jahre lang Kirchenpfleger und Kolping-Vorsitzender – ist katholisch, sozial engagiert und im Vereinsleben der Stadt aktiv. Die Großmutter, Maria Prantl, vermittelt ihm die Faszination für das Schreiben: Täglich schreibt sie mit Feder und Tinte Briefe an die sehr große Verwandtschaft, der junge Heribert sitzt bei ihr und darf das Löschblatt auflegen. Die Wirkung setzt früh ein, schon mit fünfzehn Jahren wird er Journalist. Gemeinsam mit seinem Bruder Bernhard, der Schreibmaschine schreiben und Fotos entwickeln konnte, belieferte er den *Tagesanzeiger Regensburg*, die *Mittelbayerische Zeitung* und als drittes Lokalblatt den *Neuen Tag* mit Storys über Feuerwehrversammlungen oder Pfarrgemeinderatssitzungen. Das bescheidene Zeilenhonorar von acht Pfennig wurde mit Hilfe von Durchschlägen verdreifacht.

Nach dem Abitur 1973 und dem danach absolvierten Grundwehrdienst studierte er ab 1974 Philosophie, Geschichte und Rechtswissenschaften in München, Tübingen und Regensburg, wo er die juristischen Staatsexamen absolvierte und als Assistent von Professor Dieter Schwab am Lehrstuhl für Zivilrecht, Familienrecht und Deutsche Rechtsgeschichte magna cum laude promovierte. Auch wissenschaftlich führte er die Welten des Juristen und des Journalisten, die er beide mehr oder weniger parallel bewohnt hatte, zueinander. Für seine Doktorarbeit, die 1983 unter dem Titel: »Die journalistische Information zwischen Ausschlußrecht und Gemeinfreiheit. Eine Studie zum sogenannten Nachrichtenschutz, zum mittelbaren Schutz der journalistischen Information durch § 1 UWG und zum Exklusivvertrag über journalistische Informationen.« im Bielefelder Verlag E. u. W. Gieseking erschienen war, wurde er mit dem Wissenschaftspreis der Universität Regensburg und des Hauses Thurn und Taxis für die Rechts- und Wirtschaftswissenschaften ausgezeichnet. In der journalistischen Welt hatte er in diesen Jahren eine Ausbildung beim Münchner Institut zur Förderung des journalistischen Nachwuchses und Volontariate bei den *Stuttgarter Nachrichten*, beim *Neuen Tag* in Weiden, beim *Bayerischen Rundfunk* und der italienischen *RAI* absolviert. In der Juristenwelt arbeitete er von 1981 bis 1987 zunächst als Anwalt, dann als Richter in mehreren Amts- und Landgerichten sowie schließlich als Staatsanwalt. Zwischen den beiden Welten schuf er sich Fenster: Als Pressesprecher des Landgerichts Regensburg organisierte er erstmals »Tage der offenen Tür« und Kunstausstellungen im Schwurgerichtssaal, berichtet das Munzinger Archiv über Heribert Prantl. Das hätte wohl so weitergehen können, hätte ihn damals nicht der Ruf der *Süddeutschen Zeitung* ereilt. Der Ruf erfolgte telefonisch. Prantl erhielt das Angebot, die Nachfolge des rechtspolitischen Kommentators Robert Leicht anzutreten, der zur Wochenzeitung *Die Zeit* nach Hamburg gegangen war. Prantl wechselte 1988 aus dem Gerichtssaal in die Redaktion, oder wie er es ausdrückt: »Vom Bauerngericht zur *Süddeutschen*«.

Dort überraschte er Redaktion und Chefredaktion gleichermaßen, aber nacheinander. Hatte die Redaktion um die traditionell liberale rechtspolitische Kommentierung gefürchtet, vermeinte der damalige Chefredakteur Dieter Schröder nach Prantls ersten Kommentaren gegen die Kronzeugenregelung und das Vermummungsverbot einen »Wolf im Schafspelz« engagiert zu haben. Sie sollten beide unrecht behalten. Bald kamen zu den juristischen Themen die innenpolitischen, nach den Juristentagen die Parteitage. Aus dem rechtspolitischen wurde der innenpolitische Kommentator.

1992 stieg er zum leitenden Redakteur und stellvertretenden Redaktionsleiter auf, 1995 zum Ressortleiter Innenpolitik und 2010 zum Mitglied der Chefredaktion der *Süddeutschen Zeitung*. In diesen Jahren war er trotz einer – auch zeitlich – ausgefüllten journalistischen Arbeit der Wissenschaft treu geblieben. Er lehrt an den Journalistenschulen in Hamburg und München, hält seit 2002 Vorlesungen an der Fakultät für Rechtswissenschaft der Universität Bielefeld, die ihn 2010 schließlich zum Honorarprofessor ernannte.

Dass er noch kein Buch über Zeitmanagement geschrieben hat, ist schade, denn er könnte es: Neben den genannten Tätigkeiten ist er nicht nur häufiger Gast bei Radio- und TV-Diskussionen und politischer Kommentator bei öffentlich-rechtlichen Rundfunksendern, sondern auch noch Autor zahlreicher politischer Bücher und Essays. Er engagiert sich im Senat der Deutschen Nationalstiftung, als Mitglied des Ethikrates der Hamburger Akademie für Publizistik, des P.E.N.-Zentrums Deutschland, als Kuratoriumsmitglied von Reporter ohne Grenzen und seit 2004 als Beirat bei der Stiftung zur Förderung der Rechtstatsachenforschung Pro Justitia.

Heribert Prantl ist ein Intellektueller, der sich einmischt und der die Zeit, die er gar nicht haben kann, in meritorische Aktivitäten investiert. Vermutlich würde er an dieser Stelle davor warnen, dass zu viel Weihrauch den Heiligen rußen könnte. Aber davor weiß er sich ohnehin zu schützen: Gerade sind seine weihnachtlichen Gedanken in einem Buch mit dem naheliegenden Titel »Der Zorn Gottes« (2011) erschienen.

***

Man wird nicht sagen können, dass Heribert Prantl einen der typischen journalistischen Karriereverläufe genommen hat. Erst mit fünfunddreißig Jahren ist er ganz in den Journalismus eingestiegen. Und doch finden sich Parallelen und Zusammenhänge zwischen seiner juristischen und seiner journalistischen Welt. Wer ihn reden hört und sieht, erkennt den Staatsanwalt, der sein brillantes Plädoyer hält. Überhaupt das Reden: Wer seine Texte laut liest, vernimmt eine sprechbare, dialogische und vortragsnahe Sprache. Vermutlich liest er seine Texte wirklich oder in Gedanken laut. Und es tut ihnen gut, gibt ihnen Rhythmus, Melodie und Klarheit. Mit dem Duo »Hinsichtl & Rücksichtl« kooperiert er nicht. Seine Prosa erinnert eher an die »Confessiones«.

Das Grundsätzliche ist sein Leitthema. Er kritisiert, dass der Rechtsstaat in einen Präventionsstaat umgebaut, das Recht verdünnt werde, »um so angeblich besser mit den globalen Risiken fertig zu werden«. In zahlreichen politischen Büchern, Essays, Leitartikeln und Kommentaren zeigt er sich als leidenschaftlicher und kämpferischer Verfechter der Grundrechte. Als gefragter Redner nutzt er Preisverleihungen, bei denen er seltener Laudator als Laudierter ist, für Grundsätzliches. Kein unverbindlich-freundlicher Small Talk darf da erwartet werden, sondern Fundamentales über die Gefährdung des liberalen und weltoffenen Rechtsstaats, engagierte und geschliffen formulierte Parteinahme für die Freiheitsrechte der Bürger und die Forderung nach Prinzipientreue des Staates. Solche Konsequenz findet Anerkennung: Der deutsche Altbundeskanzler Gerhard Schröder meinte in seiner Laudatio zur Verleihung des Arnold-Freymuth-Preises, Heribert Prantl sei der »dritte Senat« des Bundesverfassungsgerichts, und Christian Semler nannte ihn 2004 in der Berliner *tageszeitung* den »St. Georg des Rechtsstaats«.

Prantl scheut nicht die Kontroverse. Er ergreift Position und bewahrt Haltung. Am Beginn seiner Karriere bei der *Süddeutschen* nahm er sich der Ausländer- und Asylpolitik an, forderte soziale Integration und ein Einwanderungsrecht, warnte vehement vor einem »Wettlauf der Schäbigkeit«. Winfried Hassemer, der damalige Vizepräsident des Bundesverfassungsgerichts, bewertete seine scharfe Kritik an der Asylrechtsprechung des höchsten Gerichts so: »Es ist Urteilsschelte in schärfster Zuspitzung, und die trifft das Gericht genau an der Stelle, an der es verwundbar ist: bei Solidität und Ernsthaftigkeit des Grundrechtsschutzes«, so Hassemer bei der Verleihung des Siebenpfeiffer-Preises an Prantl 1999.

2010 erhielt Prantl den Cicero Rednerpreis für seinen Mut und sein Engagement, für seine Bereitschaft zu Antwort und Urteil. In seiner Dankesrede überraschte er mit der Überzeugung, qualitätsvoller Journalismus habe die guten Zeiten noch vor sich, denn »noch nie hatten Journalisten ein größeres Publikum als nach der digitalen Revolution. Noch nie war Journalismus weltweit zugänglich und es gab noch nie so viel Bedürfnis nach einem orientierenden, aufklärenden, einordnenden und verlässlichen Journalismus wie heute.«

Journalismus wie Heribert Prantl ihn versteht, braucht Bedingungen, die ihn möglich machen. Er hat sich für dieses förderliche Umfeld bei seiner Zeitung bedankt und dies – es wäre nicht Prantl – gleich mit Grundsätzlichem verbunden: »Diese Zeitung hat mir alle Freiheit zum Arbeiten gegeben. Ich habe nie Weisungen, inhaltliche Vorgaben, argumentative Direktiven erhalten, ein journalistisch-imperatives Mandat habe ich nie kennenlernen müssen. Ich habe in meinem Beruf als Journalist erfahren dürfen, was Pressefreiheit ist – am eigenen Schreibtisch, im eigenen Blatt, beim eigenen Schreiben. Pressefreiheit ist eine große Freiheit; und sie ist eine große Pflicht, eine Verpflichtung zur Anstrengung, zur Sorgfalt, zur Fairness.« (3. Vorlesung am 18. Mai 2011)

Heribert Prantl
Drei Vorlesungen zur Poetik des Journalismus
(April/Mai 2011)

Zwischen Morgen und Grauen
Oder: Die Zeitung ist tot, es lebe die Zeitung

Von der Pressefreiheit wird hierzulande viel geredet, sie interessiert aber eigentlich kaum noch jemanden. Im Irak, in China, im Iran oder in Algerien ist das anders. Dort leben Journalisten gefährlich. Dort ist die Pressefreiheit oft nur zwei mal drei Meter groß, so groß wie eine Gefängniszelle. Dort, in diesen Ländern, wird darum gerungen, dass das eigentlich Selbstverständliche selbstverständlich wird: dass Journalisten einigermaßen frei arbeiten können. Dort, in diesen Ländern, wissen die Menschen, was diese Pressefreiheit wert ist. Sie wissen es, wie es die ersten deutschen und österreichischen Demokraten gewusst haben. Damals, auf dem Hambacher Fest von 1832 und in der deutschen Revolution von 1848, als alle politischen Sehnsüchte in diesem einen Wort mündeten: Pressefreiheit. Der Kampf gegen die Zensur war damals ein Kampf gegen die alte Ordnung. Und »Pressefreiheit« war für Leute wie Johann Georg August Wirth und Ludwig Börne so etwas wie ein Ur-Grundrecht und ein Universalrezept zur Gestaltung der Zukunft.

Pressefreiheit: Ein Leuchtturm-Grundrecht

Das ist nicht nur Geschichte. Die Pressefreiheit war und ist und bleibt ein Leuchtturm-Grundrecht. Es gibt viele Länder, die diesen Leuchtturm abgeschaltet haben. Es gibt Länder, in denen Journalisten damit rechnen müssen, dass nachts die Geheimpolizei bei ihnen klopft oder gleich die Tür eintritt. An die zweihundert Berichterstatter sitzen weltweit hinter Gittern – warum? Weil sie die Menschen informiert haben und weil sie weiterhin informieren wollten. Das weltweit größte Gefängnis für Journalisten ist China, gefolgt von Eritrea und Kuba.

Ich darf Ihnen eine kleine Geschichte erzählen: Vor einiger Zeit habe ich für das *Medium Magazin* eine Kollegin auszeichnen dürfen, die im Irak Journalisten ausgebildet hat. Susanne Fischer hat fünf Jahre lang, von 2003 bis 2008, Journalisten im Irak unterrichtet, seit 2008 tut sie das in Syrien. Sie arbeitet unter Bedingungen, die man sich kaum vorstellen kann, wenn man in Deutschland, Österreich oder der Schweiz als Dozent an den Journalistenschulen oder Presseakademien arbeitet. Susanne Fischer hat mit ihrem »Institute for War and Peace Reporting« dreihundert junge Journalisten ausgebildet. Vier ihrer Schüler sind getötet worden, Dutzende haben Drohungen erhalten. Einige mussten untertauchen oder sich in den Nachbarländern in Sicherheit bringen. Susanne Fischer hat sich nicht einschüchtern lassen, ihre Schüler auch nicht. Susanne Fischer und ihre jungen Kolleginnen und Kollegen im Irak und in Syrien lehren uns wieder etwas über die Ursprünge unseres Berufs: Pressefreiheit ist nicht die Freiheit zu bequemer Berufsausübung; sie ist vor allem die Pflicht zur Aufklärung. Wer im Irak oder in Syrien Journalistenausbildung betreibt, der lehrt nicht einfach schreiben – der lehrt Pressefreiheit, der lehrt Haltung, der lehrt und lebt das, was die Kernkompetenz des Journalismus ist: sich nicht einschüchtern lassen; nicht von der Politik, nicht von der Wirtschaft, nicht von sogenannten Sach- und Sparzwängen, auch nicht – ja, das gibt es auch – von Kolleginnen und Kollegen.

Ich habe damals bei der Preisverleihung Susanne Fischer gefragt: »Sie arbeiten in einem Land, in dem der Tod allgegenwärtig ist, in Gestalt von Autobomben, Selbstmordattentätern und Killerschwadronen – was können denn Journalisten in einem solchen Klima der Gewalt überhaupt noch ausrichten?« Die Antwort: »Es ist in diesem Klima eine Leistung, wenn es dank vieler gut ausgebildeter Journalisten vermieden werden kann, dass Medien dazu aufrufen, Schiiten oder Sunniten abzuschlachten. Journalisten können so dazu beitragen, dass es nicht noch schlimmer kommt.«

Warum ein Journalist kein Herzl sein soll

Wozu und zu welchem Ende betreiben wir hierzulande Journalismus, hierzulande in Österreich und Deutschland? Muss man eine Vision haben, wie sie Theodor Herzl hatte, der Namensgeber der Dozentur, in deren Rahmen ich hier reden darf? Theodor Herzl hat eines Tages in seinem Tagebuch notiert: »Ich glaube, für mich hat das Leben aufgehört und die Weltgeschichte begonnen.« Ein Kollege, von dem ich wüsste, dass er heute so eine Notiz in sein Tagebuch schreibt, wäre mir sehr suspekt. Herzl hatte wohl damals damit begonnen, an seiner Broschüre »Der Judenstaat« zu schreiben – die heute als eine Art Gründungsurkunde des Staates Israel gilt. Theodor Herzl ist wohl der einzige Journalist, dessen Porträt im Plenarsaal eines Parlaments hängt, in der Knesset. Und er ist der einzige Journalist, dessen Familienname »Herzl« ein Vorname, ein beliebter jüdischer Vorname geworden ist. Theodor Herzl – von 1891 an Paris-Korrespondent der *Neuen Freien Presse*, politischer Journalist, später Feuilleton-Chef der *Neuen Freien Presse*.

Ich glaube, man muss, man soll kein Herzl sein. Es ist nicht Aufgabe des Journalisten, den Weltlauf zu beeinflussen und einen Staat zu gründen. Es ist aber auch falsch, dass sich ein Journalist mit keiner Sache gemein machen soll. Es ist dies ein Satz, den der verstorbene Fernsehjournalist und Moderator Hans-Joachim Friedrichs gesagt hat: »Einen guten Journalisten erkennt man daran, dass er sich nicht gemein macht mit einer Sache, auch nicht mit einer guten Sache; dass er überall dabei ist, aber nirgendwo dazugehört.« Dieser Satz ziert die Anzeigen, mit denen ein Journalistenpreis ausgeschrieben wird – und er ist trotzdem falsch. Er ist falsch, wenn er so verstanden würde, dass einem Journalisten nichts und niemand angelegen sein soll. Wenn einem Journalisten nichts etwas bedeutet, bedeutet der Journalismus nichts. Die Sache des Journalismus ist die Demokratie, die Sache des Journalisten sind die Grundrechte und Grundwerte der Verfassung – dafür gibt es nämlich die Pressefreiheit. Pressefreiheit ist das tägliche Brot der Demokratie. Und wenn Journalisten dieses Brot missachten und stattdessen Kaviar essen, dann haben sie ihren Beruf verfehlt.

Das tägliche Brot der Demokratie

Wenn man von der Journalistenausbildung in Ländern wie Irak hört, dann bekommt das Wort »Entwicklungshilfe« neuen Glanz. Journalisten sind in diesen Ländern Entwicklungshelfer der Demokratie. Und ihre Arbeit dort lehrt uns, hier in Deutschland und in

Österreich, was wir im Alltagstrott oft vergessen: Journalismus ist nicht nur ein Job, nicht nur Beruf; sondern auch Berufung. In Deutschland und Österreich, wie gesagt, wird von der Pressefreiheit zwar viel geredet – aber sie interessiert eigentlich kaum noch jemanden, am wenigsten den Gesetzgeber. Der geht mit der Pressefreiheit um wie die Durchschnittsfamilie mit dem Weihnachtsschmuck: Den packt man aus, hängt ihn an den Baum, sagt Ah und Oh, und dann hängt man ihn wieder weg. Die Pressefreiheit gilt Politikern als schmückender Tand, als Gedöns-Grundrecht. Sie gehört zum glänzenden Schmuck, den man sich zu besonderen Tagen, zum Beispiel beim Verfassungsjubiläum, aufhängt. Im gesetzgeberischen Alltag spielt die Pressefreiheit kaum eine Rolle – siehe die Gesetze zur Überwachung der Telekommunikation, siehe die Vorratsdatenspeicherung. Genießen die Daten von Journalisten in diesem Zusammenhang einen besonderen Schutz? Nein! Die werden genauso gespeichert wie alle anderen Daten auch.

Journalistentelefone werden überwacht, ihre Telefonnummern werden gespeichert, ihre Computer können elektronisch durchsucht werden – gerade so, als gäbe es keinen Schutz der Vertraulichkeit, als gäbe es kein Redaktionsgeheimnis, als gäbe es kein Zugriffsverweigerungsrecht. Was aber hilft das in der Strafprozessordnung verankerte Zeugnisverweigerungsrecht, was hilft es dem Journalisten, wenn er die Auskunft darüber verweigern darf, was ihm bestimmte Informanten gegeben haben – wenn der Staat das durch Computerdurchsuchung oder Telefonüberwachung ohne Weiteres herausbekommen kann? Die Pressefreiheit muss, so ist es leider seit längerer Zeit, beiseitespringen, wenn der Staat mit Blaulicht, also mit

Sicherheitsinteressen, daherkommt. Der Gesetzgeber hat es sich angewöhnt, Pressefreiheit gering zu schätzen. Ich frage mich freilich: Hat es sich nicht auch der Journalismus angewöhnt, sich selber gering zu schätzen? Geht nicht womöglich von der Presse selbst mehr Gefahr für die Pressefreiheit aus als vom Gesetzgeber?

Journalismus, der den Journalismus bedroht

Ich glaube ja: Die große Gefahr für den Journalismus hierzulande geht vom Journalismus, von den Medien selbst aus – von einem Journalismus, der den Journalismus verachtet; von Verlegern und Eigentümern, die ihn wegen echter oder vermeintlicher Sparzwänge kaputt machen; von Medienunternehmen, die den Journalismus auf den Altar des Anzeigen- und Werbemarkts legen. In Zeiten der einbrechenden Anzeigenerlöse brechen auch die Grundsätze journalistischer Ethik schnell ein. Der *taz*-Redakteur Sebastian Heiser hat in einer Undercover-Recherche die Käuflichkeit von Print-Titeln getestet. Sein Ziel war es, Schleichwerbung in den Blättern von zehn Verlagshäusern unterzubringen.

Das beunruhigende Ergebnis: Tageszeitungen und Magazine nehmen es nicht so genau mit der Trennung von Anzeigen und Text. Besonders schlecht schnitten die *Frankfurter Rundschau*, das *Neue Deutschland* und die *Westdeutsche Allgemeine* ab. Geschäftsmäßig haben die Mitarbeiter vieler Anzeigenabteilungen dem Undercover-Journalisten Einfluss auf Artikel angeboten. Bei der *Westdeutschen Allgemeinen Zeitung* bekam der Mann einen vorbereiteten Katalog für Anzeigenkunden, in dem auf gut sechzig Seiten aufgelistet wurde, welche Artikel mit welchen Anzeigen käuflich sind. »Wenn ein Autohersteller mit seinem Fahrzeug auf die Titelseite des Automagazins will und zusätzlich eine Doppelseite in dem Heft will«, so berichtete der *taz*-Redakteur in einem Interview, »kostet das 66.666 Euro, plus Mehrwertsteuer. Die Recherche des Kollegen führt uns übrigens zu einem Problem, auf das ich in unserer zweiten Vorlesung eingehen will: Wann darf ein Journalist undercover recherchieren, wann darf er über seine Identität täuschen? Einmal hat sich übrigens der Kollege Sebastian Heiser gefreut, weil er in einer Anzeigenabteilung abgeblitzt ist: Beim *Handelsblatt* hat der Anzeigenverkäufer ihm eine Gardinenpredigt gehalten darüber, wie wichtig die Unabhängigkeit der Zeitung sei und dass man die nicht gefährden dürfe.

Ansonsten freilich war und ist seine Recherche ein bitteres Exempel dafür, wie journalistische Seriosität verscherbelt wird. So wird demonstriert, wie schnell wirtschaftlichem Druck nachgegangen wird. So wird gezeigt, wie schnell auch auf den sogenannten Flaggschiffen des Journalismus ein fataler Satz seinen Einzug hält: Erst kommt das Fressen, dann die Moral. Man verkennt dabei, dass der mittel- und langfristige Schaden viel größer sein wird als der kurzfristige finanzielle Nutzen.

Helden und Vorbilder

Wenn man über die Grundregeln, wenn man über das Fundament unseres Berufs spricht, wenn es um Selbstbesinnung und Selbstvergewisserung geht, dann gehört es dazu, sich Vorbilder vor Augen zu halten. Wir schreiben über alle und jeden, kennen aber so oft unsere eigenen Helden und Vorbilder nicht. Wer kennt zum Beispiel Philipp Jakob Siebenpfeiffer? Unser journalistischer Urahn Philipp Jakob Siebenpfeiffer, geboren im Revolutionsjahr 1789, war ein kämpferischer Mann, einer, der sich den Mund nicht verbieten und den Schneid nicht abkaufen ließ. Er war Schüler des liberalen Staatsrechtslehrers Karl von Rotteck, wurde mit neunundzwanzig Jahren Landkommissar des Kreises Homburg in der Rheinpfalz, geriet aber bald mit dem Regime aneinander. Er trat aus dem Staatsdienst aus, wurde bürgerlicher Revolutionär, demokratischer Volksmissionar, Journalist, Verleger und Streiter gegen die Zensur.

»Die Zensur ist der Tod der Pressefreiheit und somit der Verfassung, welche mit dieser steht und fällt«, schrieb er in seiner Zeitung. Als die Regierung seine Druckerpresse versiegelte, verklagte er sie mit dem Argument: Das Versiegeln von Druckerpressen sei genauso verfassungswidrig wie das Versiegeln von Backöfen. Das ist ein wunderbarer Satz, weil darin die schon angeführte Erkenntnis steckt, dass Pressefreiheit das tägliche Brot ist für die Demokratie. Vor fast hundertachtzig Jahren zählte Siebenpfeiffer zu den Gründern der Vaterlandsvereine zur »Unterstützung der freien Presse« und im Mai 1832 lud er zum Hambacher Fest. Dieses erste demokratische Fest war zugleich das erste große Fest der Pressefreiheit im deutschsprachigen Raum.

Ich beginne mit diesem unserem journalistischen Urahn, weil er am Beginn einer Reihe von großen Journalisten steht. Später hießen die Siebenpfeiffers Kurt Tucholsky, Carl von Ossietzky und Karl Kraus, in der Bundesrepublik Deutschland hießen sie dann Henri

Nannen und Rudolf Augstein, auch Axel Springer. In Österreich nenne ich einen Journalisten wie Alfred Worm und einen Verleger wie Oscar Bronner. Bei allen Differenzen und Unterschieden wussten und wissen solche Leute, dass der Journalismus eine Aufgabe hat, die über das Geldverdienen hinausgeht. Ich rede gerne von diesen großen Namen des Journalismus – weil sie nicht nur für die Vergangenheit, sondern auch für die Zukunft des Journalismus stehen. Es ist wichtig, dass die jungen Kollegen in den Journalistenschulen nicht nur lernen, wie der »Crossover-Journalismus« funktioniert, dass sie nicht nur lernen, wie man effektiv und schnell schreibt und produziert, sondern dass sie auch erfahren, dass es journalistische Vorbilder gibt, große Vorbilder; und warum sie es sind und wie sie es wurden. Warum? Weil sie nicht nur wunderbare journalistische Handwerker waren, weil sie nicht nur kluge Verleger waren – sondern weil sie eine Haltung hatten.

Haltung: Das Wort ist aus der Mode gekommen. Haltung heißt: für etwas einstehen, Haltung heißt: sich nicht verbiegen lassen, nicht von kurzfristigen Moden, nicht von unrealistischen Renditeerwartungen, nicht von Bilanzen. Ich bin davon überzeugt: Wenn die journalistische Bilanz der Zeitung, eines Medienunternehmens stimmt, dann stimmt langfristig auch die ökonomische.

Sechs Paar Socken für die Freiheit

Die Presse ist ein »ständiges Verbindungs- und Kontrollorgan zwischen dem Volk und seinen gewählten Vertretern in Parlament und Regierung«, heißt es im *Spiegel*-Urteil des Bundesverfassungsgerichts in Karlsruhe. Eine »freie, nicht von der öffentlichen Gewalt gelenkte, keiner Zensur unterworfenen Presse« ist ein »Wesenselement des freien Staates«. So schrieb das Bundesverfassungsgericht in Karlsruhe vor Jahrzehnten. Und Journalisten wie Philipp Jakob Siebenpfeiffer, Ludwig Börne, Carl von Ossietzky, Karl Kraus, Rudolf Augstein und Henri Nannen haben zu dieser Erkenntnis wesentlich beigetragen. Für einen solchen Satz haben vor hundertsechzig Jahren Demokraten wie Johann Georg August Wirth auf den Barrikaden gekämpft, für einen solchen Satz wurde Siebenpfeiffer in Landau ins Gefängnis geworfen und musste dort, wie es den Gefangenen zur Auflage gemacht wurde, wöchentlich drei Paar Socken stricken. Hätte er geahnt, dass sein Satz eines Tages vom höchsten Gericht so gerühmt werden würde – so hätte er vor Freude sechs Paar Socken gestrickt.

Ein einbalsamiertes Grundrecht

Die goldenen Sätze der Verfassungsgerichte haben es nicht verhindern können, dass es noch immer und immer wieder staatliche Versuche gibt, Pressefreiheit zu fesseln. Denken wir an die Durchsuchungsaktionen in Zeitungshäusern, Redaktionen und Privatwohnungen von Journalisten, denken wir an das Vorratsdatenspeichergesetz, das Durchsuchungsaktionen ziemlich überflüssig macht, weil die Ermittlungsbehörden ohnehin nachschauen können, mit wem ein Journalist telefoniert hat; denken wir an die Gesetzespläne zur Online-Durchsuchung der Computer, auch Journalisten-Computer sind davon betroffen. Manchmal kommt mir heute die Pressefreiheit vor wie ein ausgestopftes Tier, wie ein einbalsamiertes Grundrecht, prächtig präpariert von Verfassungsrichtern, sodass es fast ausschaut wie lebendig. Aber nur fast. Es ist wie in der Schule im Biologieunterricht: Von Zeit zu Zeit wird das Tier abgestaubt, der Biologielehrer stellt es vor der Klasse auf und erzählt dann, was das Tier gemacht hat, als es noch gelebt, gejagt und gefressen hat.

Manchmal geschieht ein Wunder – dann wird die Pressefreiheit gefährlich lebendig. Wenn so ein Wunder geschieht, wenn die Pressefreiheit also den Mächtigen nahe rückt (einem ehemaligen Bundeskanzler in einem Spendenskandal, einem Finanz- oder Innenminister, dem man bei höchst dubiosen Geschäften auf die Finger schaut, wenn die Machenschaften beim Verkauf einer Bank aufgedeckt werden), wenn die Pressefreiheit also einen wirklichen Großskandal entdeckt, dann ist das eine Sternstunde des Journalismus. Aber so ein Skandal hält leider meist nur für gewisse Zeit, denn alsbald wird schon wieder, wie es im Jargon heißt, eine andere Sau durchs Dorf getrieben. Es fehlt in der Politik wie in den Medien der lange Atem. Gleichwohl: Die Wochen, in denen investigativer Journalismus in die dunklen Ecken unseres Gemeinwesens leuchtet, zeigen immer wieder die Aufklärungs- und Aufdeckungsmacht der Presse, ihre überlegene Aufdeckungskompetenz. Ich sage das als ein politischer Journalist und Leiter eines politischen Ressorts, der früher einmal Richter und Staatsanwalt war.

Aufdeckungsmacht und der Kikeriki-Journalismus

Die Staatsanwaltschaft hat bekanntlich alle möglichen Zwangsmittel zur Verfügung, bis hin zum Haftbefehl.

Täuscht mein Eindruck, dass Publizität (die gut belegte Enthüllungsgeschichte, die untermauerte Analyse) bisweilen ein wirksameres Mittel sein kann? Die Macht und die Kraft der Medien kann bei der Aufklärung politischer Skandale mit strafrechtlichem Einschlag in besonderer Weise deutlich werden – gerade dann, wenn man die Rolle der Medien vergleicht mit der bescheidenen Rolle, die dabei Richter und Staatsanwalt spielen. Die Instrumente des Strafrechts kratzen, wenn überhaupt, dann ziemlich an der Oberfläche. Die politischen Krisen mit strafrechtlichem Einschlag sind nicht wirklich gefährlich – solange sie von der Presse aufgedeckt werden können. Gefährlich wird es, wenn sie nicht mehr aufgedeckt werden können – weil es der Journalismus nicht mehr schafft, ob aus juristischen oder aus ökonomischen Gründen.

Nicht jede Woche und nicht jeden Monat kann ein Skandal entdeckt werden. So etwas kostet im Übrigen viel Zeit und Kraft und redaktionelle Kapazitäten. Gern tun Verleger, die diese redaktionellen Kapazitäten aus Kostengründen nicht mehr vorhalten wollen, so, als wäre das nicht weiter tragisch, weil es ja angeblich nicht so schwer sei, zu Exklusivgeschichten zu kommen. Das führt zu einer besonderen Art von journalistischer Kreativität: Wenn in Deutschland etwa wieder über die neue Energiepolitik oder über die nächste Gesundheitsreform diskutiert wird, schlägt man sein Verzeichnis der üblichen Verdächtigen in der Union oder FDP auf. Schon bevor man mit ihnen gesprochen hat, weiß man, dass hinterher die Schlagzeile »Streit in der Koalition geht weiter / spitzt sich zu« berechtigt sein wird. Am nächsten Tag reagieren darauf andere, darunter vielleicht die Kanzlerin. So entstehen aus vier Telefonaten oder zwei

Morgeninterviews Ermahnungen im Präsidium, neue Stellungnahmen, Forderungen der Fraktionen, Machtworte – also Politik. Diese Art von Exklusiveritis ist eine journalistische Krankheit. Sie gehört zum Kikeriki-Journalismus, der aufgeregten Kräherei also, die seit einiger Zeit unsere Publizistik prägt.

Wenn ich von der Geschichte der Pressefreiheit rede, von unseren Vorbildern, von Siebenpfeiffer – dann rede ich davon, wo wir herkommen und hin müssen. Wenn wir das nicht wissen, dann gibt es keine Zukunft, weil wir dann nicht wissen, wo wir hin sollen. Vielleicht sollten Journalisten und Verleger nicht so viel von der Pressefreiheit reden, sondern sie einfach praktizieren. Zu viel Weihrauch, sagt das Sprichwort, rußt den Heiligen. Was für einen Heiligen gilt, kann auch für ein Grundrecht gelten: In den Weihrauchschwaden ritualisierter Lobpreisung erkennt man es kaum mehr, es verliert sein Gesicht. Noch einmal also: Vielleicht sollten wir von Pressefreiheit weniger reden, sie aber dafür mehr praktizieren – das gilt für Verlage und Redaktionen. Ich nenne ausdrücklich beide: Verlage und Redaktionen. Sie beide müssen in ihrer Arbeit zeigen, was Pressefreiheit ist und was sie ihnen wert ist.

Geistige Zwangsjacken

Schlimmer als Razzien, als Vorratsdatenspeicherung und einschüchternde Strafverfahren gegen investigativ arbeitende Journalisten sind die geistigen Zwangsjacken, die sich der Journalismus selber anzieht. Zu beklagen ist eine Tendenz zur Vermischung von Information und Unterhaltung. Zu beklagen ist die Vermischung von Journalismus und PR. Zu beklagen war in den vergangenen Jahren eine Verquickung von Journalismus und Wirtschaft, die Tatsache also, dass sich immer mehr Journalisten zu Büchsenspannern und Handlangern von Lobbyisten hatten machen lassen. Wir verleihen Medienpreise für »Kritischen Journalismus«. Kritischer Journalismus – das sollte eine Tautologie sein, ist es aber nicht.

Der Europäische Gerichtshof für Menschenrechte sprach im Jahr 2004 Caroline, der Prinzessin von Monaco, eine geschützte Privatsphäre auch außerhalb ihres Hauses zu; die Öffentlichkeit könne kein legitimes Interesse daran geltend machen, zu erfahren, wo die Prinzessin sich aufhält und wie sie sich allgemein in ihrem Privatleben verhält – und zwar auch dann nicht, wenn sie sich an Orte begibt, die nicht als abgeschieden bezeichnet werden können. Die Verleger und Chefredakteure von bunten Blättern sahen daraufhin das Ende der Pressefreiheit nahen, weil das Caroline-Urteil das Persönlichkeitsrecht über Gebühr ausdehne. Doch was, bitte, ist Prinzessin Caroline gegen Verleger, die komplette Redaktionen vor die Tür setzen? Pressefreiheit ist nicht die Freiheit, Redaktionen auszupressen. Pressefreiheit ist auch nicht die Freiheit, sie durch redaktionelle Zeitarbeitsbüros zu ersetzen, als gelte es, ein Callcenter eine Weile am Laufen zu halten. Pressefreiheit ist nicht die Freiheit der Heuschrecken, sondern die Freiheit verantwortungsbewusster Journalisten und Verleger. Heuschrecken fressen alles, auch die Pressefreiheit. Manchmal tarnen sich Heuschrecken auch als liebliche Käfer.

Schon heute sagt jeder dritte Journalist, dass die Zeit fehle, um sich über ein Thema auf dem Laufenden zu halten. Dadurch ist eine zentrale journalistische Aufgabe gefährdet (und zwar nicht nur bei vielen kleinen lokalen Blättern): das Aufspüren von Entwicklungen, das Sammeln, Bewerten und Ausbreiten von Fakten und Meinungen. Journalistische Arbeit kann man nicht einfach in PR-Büros, lobbyfinanzierte Werbeagenturen und Schreibbüros auslagern. Genau das geschieht aber. Es besteht wie noch nie seit 1945 die akute Gefahr, dass der Journalismus verflacht und verdummt, weil der Renditedruck steigt; weil an die Stelle von sach- und fachkundigen Journalisten immer öfter Produktionsassistenten für Multimedia gesetzt werden, wieselflinke Generalisten, die von allem wenig und von nichts richtig etwas verstehen. Aus dem Beruf, der heute Journalist heißt, wird dann ein multifunktionaler Verfüller von Zeitungs- und Webseiten. Solche Verfüllungstechnik ist allerdings nicht die demokratische Kulturleistung, zu deren Schutz es das Grundrecht der Pressefreiheit gibt.

Eine Todesanzeige für die Zeitung

Der Presse ist die Freiheit garantiert. Presse sind Journalisten, Verleger, Medienunternehmen. Die Pressefreiheit könnte entfallen, wenn diese Freiheit als Freiheit ohne Verantwortung missverstanden wird; und wenn Medienunternehmen sich nur noch als Renditeunternehmen wie jedes andere auch verstehen. Manager, die glauben, die Herstellung von Druckwerken sei so etwas Ähnliches wie die Herstellung von Plastikfolien, täuschen sich. Für die Hersteller von Plastikfolien gibt es kein eigenes Grundrecht. Es hat seinen Grund, warum es das Grundrecht der Pressefreiheit gibt: Pressefreiheit ist Voraussetzung dafür, dass Demokratie funktioniert. Wird dieser Grundsatz nicht mehr geachtet, wird das Grundrecht grundlos. Dann verlieren Zeitungen ihre Zukunft. Es gibt Leute, die arbeiten schon am Entwurf der Todesanzeige für die Zeitung: »Geboren 1603 in Straßburg/Elsass, gestorben 2020. Wir werden der Zeitung ein ehrendes Andenken bewahren.« Diese Beerdigungsredner reden allerdings nicht von der Zusammenlegung von Redaktionen, auch nicht von entlassenen Redakteuren und nicht vom Outsourcing – sondern vom Internet.

Seitdem der amerikanische Publizist Philip Meyer im Jahr 2004 ein Buch mit dem Titel »The Vanishing Newspaper« veröffentlicht, also das Verschwinden der Tageszeitung angekündigt hat, hören sich die Podiumsdiskussionen auf Medientagen über das Internet so an wie Vorbereitungen zur Beerdigung der Zeitungen. Für derlei Überlegungen ist es aber erstens ein bisschen früh, denn selbst Professor Meyer hat den Tod der Tageszeitungen erst für das Jahr 2043 vorhergesagt. Zweitens könnte es sich mit Meyers Prophezeiungen so verhalten wie mit denen seines Kollegen Francis Fukuyama, der 1993, als das östliche Imperium und der Staatskommunismus zusammengebrochen waren, das »Ende der Geschichte« ausgerufen hat. Die Geschichte mochte sich dann nicht daran halten.

Aber es gibt den von mir schon beschriebenen Ehrgeiz etlicher Zeitplaner, die von Meyer berechnete Mortalität zu beschleunigen. Also werden Journalisten entlassen, Korrespondenten eingespart, Redaktionen aufgelöst, eigene Texte durch solche von Agenturen ersetzt oder billig eingekauft. Chefredaktionen verwandeln sich in eine Geschäftsführung. Geist mutiert in Geistlosigkeit. Man spart, bis die Leser gehen.

Es ist wie eine absonderliche Version des Märchens vom Rumpelstilzchen: Es wird, aus Geldsucht und Unverstand, Gold zu Stroh gesponnen.

Warum das Internet gut ist für die Presse

Mit Meyers Überlegungen hat das wenig zu tun: Als er davon schrieb, dass im Jahr 2043 zum letzten Mal ein Exemplar einer Zeitung im Briefkasten oder auf der Türschwelle irgendeines Bürgers irgendwo in den Vereinigten Staaten liegen werde, da dachte er nicht an Käfer und Heuschrecken, welche die Zeitungen und ihre Redaktionen kahl fressen – er dachte an das Internet: Das neue Medium werde dem alten über kurz oder lang den Garaus machen, weil es rasend schnell sei und sich in der Echtzeit bewege. Meyer hat natürlich recht damit, dass das Internet rasend schnell ist. Es ist schnell, es ist ubiquitär und es hat etwas sympathisch Antiautoritäres. Aber ein sympathisches neues Medium bedeutet mitnichten automatisch das Ende des sympathischen alten. Das Internet ist nicht das Ende der gedruckten Zeitung. Es nimmt der gedruckten Zeitung nur eine Aufgabe ab, die sie bisher, so gut es halt ging, zu erfüllen versuchte. Bei der »Vermeldung« von Ereignissen kommt und kam die Zeitung bei allem Bemühen immer zu spät.

Der Tod Napoleons auf St. Helena am 5. Mai 1821 wurde in der Londoner *Times* als erster Zeitung zwei Monate später gemeldet, am 4. Juli 1821. Die *Vossische Zeitung* in Berlin druckte die *Times*-Meldung weitere zehn Tage später nach. Die Meldung über den Tod Mahatma Gandhis lief 1948 schon wenige Minuten nach dem Schuss des Attentäters in allen Orten der

Erde ein; sie gilt in der Fachliteratur als das klassische Beispiel moderner Nachrichtentechnik. Der Fortschritt der Technik und ihr Einsatz im Nachrichtenwesen schlugen sich schon in Zeitungstiteln wie *Telegraph* nieder. Telefon, Funk, Satellit, Radio und Fernsehen machten aus einer distanzierten eine fast miterlebende Öffentlichkeit – aber nur fast. Das Internet beendet das »fast«. Weil es das Internet mit einer schnelleren Methode der bloßen Informationsvermittlung gibt, kann sich die Zeitung auf anderes konzentrieren: auf Analyse, Hintergrund, Kommentierung, auf Sprachkraft, Gründlichkeit und Tiefgang, auf all das, was sich in der Hetze der Echtzeit im Internet nicht leisten lässt.

Die Zeitung kann, soll, muss Wegweiser im Wirrwarr sein. Sie kann, soll, muss Informationen destillieren, konzentrieren, auswerten, bewerten. Sie kann, soll, muss Gebrauchsanweisung sein für das digitale Diesseits. Wenn eine Zeitung das alles gut macht, wird sie immer genügend Leser haben, die sich an ihr festhalten, weil die Zeitung der Realitätsvergewisserung dient, weil sie ein Schlüssel ist zum Verstehen der globalisierten Welt, deren Abbild das Internet ist.

Die Nachricht vom bevorstehenden Tod der Tageszeitung ist also übertrieben. Anzeigenaufträge brechen ein, aber sie brechen nicht weg. Nicht jede Zahl aus den USA von US-Zeitungsmachern ist automatisch auf die deutschen übertragbar. Die Publizistik hat sich von der US-Zeitungsdepression lustvoll anstecken lassen. Man tut so, als wäre es gottgegeben, dass der »state of play« in den USA auch der »Stand der Dinge« hierzulande ist. Man sieht das amerikanische Zeitungssterben, übersieht zugleich, dass immer noch erstaunliche fünfzig Prozent aller erwachsenen Amerikaner täglich eine Zeitung aufschlagen. Gleichwohl gibt es die US-

Krise natürlich. Lange bevor sich im Herbst 2008 die Banken- und Finanzkrise zuspitzte, steckten neunzehn der fünfzig größten US-Zeitungen in roten Zahlen. Wenn es einem Wirtschaftszweig in den USA heute noch schlechter geht als den Banken, dann sind das die Tageszeitungen. Stephan Russ-Mohl, der Journalistikprofessor in Lugano, vermeldet, was die Medienunternehmen mit den Finanzjongleuren von der Wall Street gemein haben: »Es ist noch nicht allzu lange her, da gab es nur eine einzige Branche, in der sich mit dem eingesetzten Geld noch mehr Geld verdienen ließ als mit Banken und Zeitungen: mit Spielcasinos.«

Leidenschaft statt Larmoyanz

Banken, Zeitungen, Spielcasinos: Das sollte den Blick darauf lenken, was zur US-Zeitungsdepression geführt hat. Es war vor allem die Geldsucht. Das US-Zeitungswesen fiel jener Wall-Street-Theorie zum Opfer, wonach man Profite dadurch maximiert, indem man das Produkt minimiert. Die US-Zeitungen sind an die Börse gegangen und dann an der Börse heruntergewirtschaftet worden. Der Wert der Zeitungen wurde von der Wertschätzung nicht der Leser, sondern der Aktionäre abhängig gemacht. Überall und ständig wurde von den Zeitungen gefordert, ihren Aktienwert zu verbessern. Deswegen gab es Kahlschlagsanierungen, Korrespondentennetze wurden zerschnitten, Büros geschlossen, Redaktionen kastriert, die Druckkosten zulasten der gedruckten Inhalte gesenkt. Immer mehr Zeitungen gehörten und gehören Investmentfonds. Dass Fondsmanager kein Interesse am Zeitungsmachen haben, liegt auf der Hand. Das war das eine. Das andere hat vielleicht auch mit diesem einen zu tun: die US-Zeitungen haben in der Bush-Ära fast komplett versagt.

In Washington hat sich – so konstatiert der Pulitzer-Preisträger Russell Baker – »das renommierte Corps der Hauptstadtkorrespondenten mit Lügen abspeisen und zur Hilfstruppe einer Clique neokonservativer Verschwörer machen lassen«. Die Blogs waren nichts anderes als eine demokratische Not- und Selbsthilfe. Dort konnte man die kritischen Analysen und Kommentare gegen Bush und den Irakkrieg lesen, die man in den Zeitungen nicht lesen konnte. Ein guter Journalismus muss wegen der Blogs nicht Heulen und Zähneklappern kriegen: Er kann dem Blog dankbar sein, wenn und weil er seine Lücken substituiert und seine Fehler aufzeigt. Man kann viel lernen aus der US-Zeitungsdepression. Vor allem, was man tun muss, um nicht in eine solche Depression zu geraten. Da muss man einiges tun: Vielleicht muss zuallererst an die Stelle von Larmoyanz wieder Leidenschaft treten. Leidenschaftlicher Journalismus deckt auf: Leidenschaftlicher Journalismus ist allergisch gegen Korruption, gegen Lobbyisten, die Parlamentarier ködern und füttern, und gegen den Ausverkauf des Gemeinwesens. Leidenschaftlicher Journalismus akzeptiert es nicht, wenn Politiker den Staat als Selbstbedienungsladen betrachten und Manager ihre Unternehmen als Selbstversorgungsanstalten. Journalismus ist, auch, »Lobby-Control«.

Ich weiß nicht, warum man sich als Zeitungsmensch vor der digitalen *Huffington Post* fürchten soll. Sie macht das, was eine gute österreichische oder deutsche Zeitung auch macht: ordentlichen Journalismus. Man sollte damit aufhören, Gegensätze zu konstruieren – hier Zeitung und klassischer Journalismus, da

Blog mit einem angeblich unklassischen Journalismus. Man sollte damit aufhören, mit ökonomischem Neid auf die Blogs zu schauen. Mit und in den Blogs wird sehr viel weniger Geld gemacht als mit den Zeitungen. Man sollte auch aufhören mit dem Gerede, dass der »klassische« Journalismus in einem Bermudadreieck verschwinde. Wenn er das täte, dann hätte er das Attribut »klassisch« nicht verdient, dann wäre er halt einfach nicht gut oder nicht gut genug gewesen.

Die Zeitung der Zukunft

Die Tageszeitung muss sich, wird sich verändern, sehr viel mehr als die Konkurrenz von Rundfunk und Fernsehen sie verändert hat. Der Inhalt der Zeitung wird ein anderer sein, als man es bisher gewohnt war, aber sie wird immer noch und erst recht Zeitung sein: Und die Texte, die dort stehen, werden Nachrichten im Ursinne sein – Texte zum Sich-danach-Richten. Das gibt es nicht umsonst, das kostet. Ein Billigjournalismus ist zum Wegwerfen, nicht zum Lesen. Wenn sich eine Zeitung an Anzeigenblättern orientiert, ist sie keine Zeitung mehr, sondern eben ein Anzeigenblatt.

Wenn Zeitungshäuser klug sind, dann machen sie das Internet zu einem Appetizer für die Zeitung, denn dann weckt der Online-Journalismus den Appetit auf mehr. Aber dann muss auch der Appetizer Qualität haben, sonst kann er nicht Appetit auf mehr machen. Es wird viel davon geredet, dass Zeitungen und Internet sich ergänzen. Ich bin überzeugt davon, dass das stimmt – wenn jedes Medium seine spezifischen Stärken kennt und nutzt. Die Stärke des Internets ist seine Rasanz und die unmittelbare Kommunikation mit dem Leser. Die Stärken der Zeitung sind Reflexion, Tiefenschärfe und eine große Befriedungskraft.

Kritiker haben mir vorgeworfen, mein Optimismus zur Zukunft der Zeitung sei eine Art Beschwörung. Ich muss nicht beschwören – ich bin fest davon überzeugt. Im Übrigen: Die von professionellen Redakteuren hergestellten journalistischen Inhalte sind ohnehin nicht gefährdet; jedes Trägermedium ist auf sie angewiesen, ob Zeitung, Rundfunk oder Internet. Das Internet ersetzt nicht gute Redakteure, es macht sie noch notwendiger als bisher.

Es gibt eine merkwürdige Angst vor der Bloggerei. Es wird so getan, als wäre die Bloggerei eine Seuche, die via Internet übertragen wird und den professionellen Journalismus auffrisst. Das ist, mit Verlaub, Unfug. In jedem professionellen Journalisten steckt ein Blogger. Der Blog des professionellen Journalisten heißt *Frankfurter Allgemeine Zeitung, Der Standard, Hamburger Abendblatt* oder *Süddeutsche Zeitung*. Der sogenannte klassische Journalist hat dort seinen Platz, und er hat ihn in der Regel deswegen, weil er klassische Fähigkeiten hat, die ihn und sein Produkt besonders auszeichnen. Es gibt das etwas altbackene Wort »Edelfeder« für die Journalisten, die mit der Sprache besonders behände umzugehen vermögen. Der professionelle Journalist ist, wenn man bei diesem Sprachgebrauch bleiben will, eine Art Edelblogger.

Journalismus verändert seinen Aggregatzustand

Dass der Journalismus – gedruckt, gemailt, getwittert, gesendet – überleben wird, glauben fast alle Sachverständigen, die meisten glauben sogar, dass er gut überleben wird. »So groß kann keine Krise sein, dass er verschwände«, sagt der Schriftsteller Peter Glaser. Der Journalist, Blogger und Werbetexter Sascha Lobo meint, die Gesellschaft brauche »professionellen Journalismus dringender als je zuvor, weil die Flut der Informationen den Bedarf an Einordnung, Sortierung und Bewertung der Fakten und ihrer Zusammenhänge exponentiell erhöht«. Dirk von Gehlen von *sueddeutsche.de* konstatiert freilich, dass der »mediale Frontunterricht« zu Ende gehe. Jetzt komme es für Journalisten darauf an, »ein Forum führen zu können«. Und Jörg Sadrozinski, der neue Chef der Deutschen Journalistenschule in München, zuvor Chef von *tagesschau.de* in Hamburg, sieht die Journalisten als »trusted guides« in einem tiefgreifenden Transformationsprozess agieren. »Die Zukunft des Journalismus liegt«, so einfach ist es und so einfach sagt es Axel Ganz, »im Journalismus«. Axel Ganz war Verleger von Gruner + Jahr und hat über sechzig Zeitschriften gegründet. Er hat recht. Und deshalb sollten Journalisten, Verleger und Medien-Geschäftsführer nicht so viel von Pressefreiheit reden, sondern sie einfach praktizieren.

Der Journalismus wird sich nicht mehr so fest wie bisher am Papier festhalten, er löst sich zum Teil davon; aber er löst sich nicht auf. Er verändert seinen Aggregatzustand, er ist nicht mehr so fest wie er es hundertfünfzig Jahre lang war, er ist schon flüssig geworden, vielleicht wird er gasförmig. Das wird ihm nicht schaden. Gase erfüllen jeden Raum. Ein Journalismus, der Angst vor solchen Veränderungen hätte, wäre ein Unglück. Ein guter Journalist ist ein Forscher, ein Entdecker, ein Erklärer – er ist ein Amundsen, er ist ein Scott. Er kann Dinge, die andere nicht können, und er traut sich Dinge, die sich andere nicht trauen.

Mit dem Journalismus ist es so ähnlich wie mit anderen Berufen auch. Es gibt in Deutschland und Österreich an die fünfundzwanzigtausend Richterinnen und Richter, aber es gibt viel, viel mehr Leute, die sich auch täglich ihr Urteil bilden. Es gibt in Deutschland und Österreich einige Hunderttausend Polizisten. Aber es gibt noch viel mehr Leute, die auch ganz gut darauf aufpassen, was in ihrer Umgebung passiert. Es gibt zigtausend examinierte Pädagogen und Erzieher in Deutschland. Aber es gibt viel, viel mehr Leute, Mütter und Väter, die Kinder erziehen, ohne dass sie das studiert haben. Die Leute, die sich ihr Urteil bilden, ohne dass sie Jura studiert haben, machen die Richter nicht überflüssig. Die Leute, die sich um ihr Wohnviertel kümmern, machen Polizisten nicht überflüssig. Und Leute, die ihre Kinder erziehen, machen Pädagogen nicht überflüssig.

So ist das mit dem Journalismus auch. Es gibt zigtausend professionelle Journalisten in Österreich und Deutschland. Aber es gibt noch viele, viele andere Leute, die auch ganz gut lesen und schreiben können, aber nicht recherchieren, reportieren, kommentieren und pointieren gelernt haben. Wenn es darum geht, vertraut man den Profis. Ein Möbelverkäufer, Fitnesstrainer oder Geschäftsführer, ein Richter, Polizist, Pädagoge oder Meteorologe, der wissen will, was in der Welt passiert und was er davon halten soll, will normalerweise nicht lesen und hören, was andere Möbelverkäufer, Fitnesstrainer oder Geschäftsführer davon halten, sondern was ein professioneller Journalist, ein Experte also, dazu sagt oder schreibt. Professioneller Journalismus erklärt verlässlich, was passiert – nach professionellen Kriterien. Wenn ein Möbelverkäufer oder ein Fitnesstrainer das aus irgendwelchen Gründen auch kann, dann – herzlichen Glückwunsch.

Der Journalismus ist keine verspätete Veranstaltung des hochmittelalterlichen Zunftwesens. Den Journalismus kann man also nicht mit Zunftordnung und Zunftzwang verteidigen – sondern nur mit Können. Der Journalismus ist schon immer ein besonders freier Beruf gewesen. Und die Bloggerei ist eine neue Bühne für diese Freiheit. Wie viel guter Journalismus auf dieser Bühne gedeiht, muss sich noch zeigen. Kein Schauspieler muss sich vor einer neuen Bühne fürchten. Ein Journalist auch nicht. Der gute klassische ist kein anderer Journalismus als der gute digitale Journalismus. Die Grundlinien laufen quer durch diese Cluster und Raster. Es gibt guten und schlechten Journalismus, in allen Medien. So einfach ist das. Und wer sich durch die Wasser- und vor allem durch die Abwasserleitungen des Internets klickt, der merkt ziemlich schnell, wie guter und wie schlechter Journalismus aussieht – und was den Namen Journalismus nicht verdient und womöglich auch gar nicht beansprucht.

Autorität kommt von Autor, Qualität kommt von Qual

Noch nie war Journalismus weltweit zugänglich; heute ist er es. Noch nie hatten Journalisten ein größeres Publikum als heute, nach der digitalen Revolution. Noch nie war die Konkurrenz so groß; sie belebt das Geschäft. Sie schafft Bedürfnisse. Noch nie war das Bedürfnis nach einem orientierenden, aufklärenden, verlässlich einordnenden, klugen Journalismus so groß wie heute. Internet ist die globale horizontale Verbreiterung des Wissens. Guter Journalismus geht in die Tiefe.

Es gibt die Pressefreiheit, weil die Presse auf die Demokratie achten soll. Diese Achtung beginnt mit Selbstachtung. Es wird daher, und in den Zeiten des Internets mehr denn je, gelten: Autorität kommt von Autor und Qualität kommt von Qual. Dieser Qualitätssatz steht zwar in der Hamburger Journalistenschule, aber er gilt nicht nur für Journalistenschüler. Er meint nicht, dass man Leser und User mit dümmlichem, oberflächlichem Journalismus quälen soll. Qualität kommt von Qual: Dieser Satz verlangt von Journalisten in allen Medien, auch im Internet, dass sie sich quälen, das Beste zu leisten – und er verlangt von den Verlegern und Medienmanagern, dass sie die Journalisten in die Lage versetzen, das Beste leisten zu können. Dann hat der Journalismus eine glänzende Zukunft.

Journalismus zwischen Morgen und Grauen steht, etwas reißerisch, im Titel meiner Vorlesung. Morgengrauen ist der beginnende Übergang zwischen Nacht und Tag. Wenn wir den Journalismus in diesem Übergang verorten können – dann könnten wir sehr glücklich sein. Ich für mein Teil bin eigentlich ganz glücklich.

Der Meinungsjournalismus
Journalisten sind wie Schnittlauch? Wozu es Leitartikler und Kommentare gibt

In den Sommerferien habe ich die Werke des Prager Schriftstellers Johannes Urzidil gelesen. Urzidil war ein Zeitgenosse von Kafka, Brod und Werfel, ein Böhme, der 1939 erst nach Großbritannien und dann in die USA emigrierte. Statt dort seiner verlorenen Heimat nachzutrauern, setzte er ihr ein Denkmal: Inmitten der Wolkenkratzerriesen von New York beschrieb er den Blick vom Stingelfelsen, machte er seine Streifzüge durch Vaters Apothekenkästchen und durch die böhmische Geschichte.

»Meine Heimat ist«, so sagte Urzidil, »was ich schreibe.«

Man tut sich schwer, die strotzende Vitalität seiner Geschichten, seiner Erzählungen und Essays in Einklang zu bringen mit der peinlichen Ordnung, die auf Urzidils Schreibtisch geherrscht haben soll. Eine Liebeserklärung an seinen drei Meter langen Schreibtisch überschrieb er mit dem Titel »Bekenntnisse eines Pedanten«. Er preist darin die Archivkästchen, die Karthoteken und die Kavalkade kleinerer Tischchen, die den Schreibtisch umgeben. Ein Sektionschef des tschechischen Außenministeriums führte einmal eine Gruppe seiner Beamten zu Urzidil, um ihnen hier zu zeigen, wie man geistige Arbeit organisieren müsse.

Andere Dichter brauchten das auch. Goethe, der »Riesengenius der Pedanterie« (Urzidil), vermochte nur in einem Klima des gut Eingeteilten zu schreiben. Und schon Homer hatte gemeint: »Gut bei allem ist Ordnung.« Urzidil setzt keck hinzu: selbst bei Revolutionen. Schlampige Rebellen seien die ärgerlichsten Erscheinungen der Weltgeschichte. Überhaupt: Unordnung im literarischen oder wissenschaftlichen Arbeitsmaterial betrachtet Johannes Urzidil als Bohemienallüre.

Die Ordnung im Kopf

Bei diesem Lob auf die Ordnung habe ich an zwei Dinge beziehungsweise Personen denken müssen. Erstens an meinen Doktorvater Professor Dr. Dieter Schwab; zweitens an meine journalistische Erst- und Hauptprofession, an das Kommentieren. Erstens: zu Professor Dieter Schwab, meinem akademischen Lehrer und juristischen Doktorvater. Der fällt mir in diesem Zusammenhang ein, nicht weil mir sein Schreibtisch als ganz besonders groß und als pedantisch aufgeräumt in Erinnerung geblieben wäre, sondern des Prinzips wegen, das Urzidils Schreibtisch repräsentiert. Es ist die Ordnung im Kopf, die Ordnung der Gedanken – die gute Ordnung in geistigen Dingen eben. Bei Urzidils Schreibtisch habe ich also an die gedankliche Akkuratesse meines Doktorvaters denken müssen. Und damit bin ich zweitens auch bei der Tätigkeit, mit der ich vor über dreiundzwanzig Jahre meine journalistische Laufbahn begonnen habe: dem Beruf des Kommentators. Mein Schreibtisch sieht überhaupt nicht so aus wie der von Urzidil, im Gegenteil!

Aber, und das habe ich von meinem Doktorvater gelernt, Urzidil hatte eben da seine eigenen Methoden, Schreiben beginnt mit Ordnung, mit der Ordnung der Gedanken im Kopf. Ohne diese Ordnung der Gedanken im Kopf kann man nicht kommentieren – genauer gesagt: Ohne diese Ordnung kommt nichts Gescheites heraus.

Ich muss Ihnen ein wenig von meinem Doktorvater, dem Juristen Dieter Schwab, erzählen, weil der mein Denken und Schreiben, meine Art zu kommentieren sehr geprägt hat. Dieter Schwab, vor einiger Zeit fünfundsiebzig Jahre alt geworden, ist ein messerscharfer Jurist, der die Messerschärfe aber in sehr feine Ironie hüllt. Dieter Schwabs Regensburger Lehrstuhl war eigentlich unzureichend etikettiert: Seine Kompetenz erstreckte sich nämlich nicht nur auf das Bürgerliche Recht, auf die Spezialitäten des Familienrechts und die Universalitäten der Rechtsgeschichte, sondern auf die Befestigung der Grundlagen des Rechts. Wozu schaffen wir Recht? Wie schaffen wir Recht? Wie fügen wir es immer wieder ein, und zwar folgerichtig? Wie machen wir es verständlich? Und wie soll das Recht auf den Wandel der Gesellschaft reagieren? Das waren und sind die Fragen, die meinen juristischen Lehrer zuallererst umtreiben. Und hier ist er ein Meister der juristischen Essayistik.

Schwab versteht es, akribisch zu analysieren, Zusammenhänge zu erklären, juristische Ungereimtheiten aufzudecken, scharfzüngige Kritik mit Augenzwinkern zu verbinden; und schon so manchem Großjuristen hat er mit feinsinnigen juristischen Fragen den Spiegel vorgehalten.

Die Anschaulichkeit des Schreibens

Bei der Arbeit an Gesetzen muss man so akkurat sein wie der Chirurg bei einer Operation am offenen Herzen. Dieter Schwab hat diese Akkuratesse. Er hat die Gabe, anschaulich zu schreiben. Zu seinen Spezialitäten gehört die Sorgfalt der juristischen Sprache, bei der sich das Exakte mit dem Verständlichen, ja dem Plastischen paart. Er spickt seine Anmerkungen zu Gesetzen und Urteilen mit ironischen bis bissigen Anmerkungen und mit Geschichten und Geschichtchen aus Literatur und Historie – und zwar so, dass er seiner strengen Kritik die Strenge nimmt; sie wird so für den Kritisierten erträglicher. Das versuche ich in meine Arbeit als politischer Kommentator zu übertragen. Das lerne ich, weil man nie auslernt, immer noch.

Das waren nur ein paar Anmerkungen dazu, wie ich Kommentare schreibe.

Und nun komme ich zum Grundsätzlichen. Wozu und zu welchem Ende gibt es Journalismus? Dazu gehört dann auch die Frage: Wozu und zu welchem Ende schreiben wir Kommentare?

Als einst der neue Münchner Flughafen eingeweiht wurde, ging der damalige Ministerpräsident Max Streibl mit den Journalisten stolz und beseelt durch die großen Hallen. Alles war blitzblank, weitläufig, weltläufig und edel; am Boden glänzte der polierte Granit, an den Wänden prangte moderne Kunst, aus den Lautsprechern klangen die Weltsprachen. Als die Besichtigung nach zwei Stunden zu Ende war, fragte ein Journalist den Ministerpräsidenten, ob er in all dieser Pracht und Herrlichkeit etwas vermisse. Der Ministerpräsident stutzte kurz und sagte dann: »Es ist alles wunderbar, nur: Wenn man hier ankommt, merkt man doch gar nicht, dass man in München ist. Es könnte sich genauso um den neuen Flughafen in Paris oder in Melbourne handeln. Woran soll man denn hier erkennen, dass man in München gelandet ist?« Ein Kollege schlug ihm daraufhin vor, man könne doch die nächste Landebahn »in Brezenform« errichten. Das Gelächter war groß.

Das Unverwechselbare

Sie schauen mich jetzt mit großen Augen an und fragen, was diese Geschichte denn mit unserem Thema zu tun hat? Warum erzählte ich Ihnen dieses Kuriosum? Wenn man dieser Geschichte nachhört, dann klingt hinter der Lustigkeit der Begebenheit und der vermeintlichen Provinzialität des Politikers etwas sehr Ernsthaftes, Wichtiges, Grundsätzliches. Die kleine Begebenheit führt uns nämlich zu einer Frage, die für den Journalismus viel wichtiger ist als für einen Flughafen: Was ist das Besondere, was ist das Erkennungszeichen, was ist das Unverwechselbare an einem guten Journalismus? Was zeichnet ihn aus? Was zeichnet den Journalismus so aus, dass er ein eigenes Grundrecht wirklich verdient? Wie soll, wie muss der Journalismus seine Freiheit nutzen, auf dass sie Pressefreiheit heißen kann und darf?

Einer der ganz frühen Sätze, die ich über den Journalismus gehört habe, war ziemlich böse: »Journalisten sind«, so heißt dieser Satz, »Journalisten sind wie Schnittlauch. Sie schwimmen auf jeder Suppe.« Es war dies der erste Satz über den Journalismus, den ich mir gemerkt habe. Damals, es war wohl 1975/76, war ich Jurastudent und Stipendiat des IfP, des Instituts für Publizistischen Nachwuchs, einer katholischen Einrichtung. Das erste Seminar im Rahmen dieser studienbegleitenden Journalistenausbildung fand in Salzburg statt. Und einer der Referenten dort war der Medienwissenschaftler Heinz Pürer. Und der sagte in seinem Abendvortrag den genannten bösen Satz: »Journalisten sind wie Schnittlauch. Sie schwimmen auf jeder Suppe.«

Der Satz hat mich so abgeschreckt, dass ich mich erst einmal auf mein Jurastudium konzentriert habe, Staatsanwalt und Richter geworden und eigentlich nur durch Zufall wieder beim Journalismus gelandet bin. Vielleicht hatte ich ja den Medienwissenschaftler falsch verstanden. Vielleicht hatte er gar nicht den Istzustand des Journalismus beschrieben, sondern nur die Gefahren, die er in sich birgt: Aus einem Journalisten kann ein PR-Mensch werden, der so schreibt, wie es der Auftraggeber will und wie es neue Aufträge bringt. Ich will die PR-Leute nicht diskreditieren. Aber: PR und Journalismus, das sind zwei verschiedene Berufe.

Die Schlangen im Paradies

Ich habe in meinem journalistischen Leben durchaus ein paar Journalisten erlebt, die so waren, wie Heinz Pürer sie beschrieben hat. Aber es waren nicht sehr viele. Die meisten Kolleginnen und Kollegen, die ich erlebt habe, waren ganz anders, gar nicht schnittlauchartig. Ich habe wunderbare Kolleginnen und Kollegen erlebt, viele davon in Lokal- und Regionalredaktionen: neugierig, bissig, aufklärerisch, souverän und integer. Vielleicht lag das daran, dass zumindest die erste Hälfte meines bisherigen journalistischen Berufslebens eine für die Medien auch wirtschaftlich glänzende, eine anzeigenstarke paradiesische Zeit war. Aber es gibt kein Paradies ohne Schlangen. Und derzeit ist es so, dass es im Medienparadies besonders viele Schlangen gibt. Journalismus verlangt, sich von den Schlangen nicht verführen zu lassen, ihnen zu widerstehen, wie immer sie auch heißen mögen. In Verlagen und Redaktionen können sie Spardruck heißen, Kündigung, Auflösung von Redaktionen, Outsourcing von journalistischer Arbeit.

Im Journalismus, so lässt es Balzac in seinem Roman »Verlorene Illusionen« den jungen Denker Michel Chrestien sagen, werden »Seele, Geist und Denken« verschachert. Der Satz ist so böse wie der vom Schnittlauch. Aber er stimmt nicht, solange es Journalismus mit Haltung gibt, solange sich journalistische Sachkunde mit Souveränität, Ausdauer, Neugierde und Aufklärungsinteresse vereint. Guter Journalismus ist ein Journalismus, bei dem die Journalisten wissen, dass sie eine Aufgabe haben – und dass diese Aufgabe mit einem Grundrecht zu tun hat: Nicht für jeden Beruf gibt es ein eigenes Grundrecht, genau genommen nur für einen einzigen.

Umfragen über das Image von Journalisten fallen nicht sehr glänzend aus. Das Image der Journalisten ist nicht so gut, wie es sein müsste, und nicht so schlecht, wie es sein könnte. Der Journalismus darf der Aufgabe, die er in der demokratischen Mediengesellschaft hat, nicht nur numerisch nachkommen; Journalismus ist eine qualitative Aufgabe. Wenn Journalismus Qualität hat, dann braucht er keine Imagekampagne. Er braucht gute Journalisten. Ein Journalismus, dem die Leute trauen und vertrauen, ist wichtiger denn je. Die große Frage lautet nicht: Wie schafft man Klicks, Reichweite, Auflage? Die große Frage lautet: Wie schafft man Vertrauen? Dann kommen auch Klicks, Reichweite und Auflage.

Die ideale Zeitung

Vor einigen Jahren habe ich einmal versucht, von solcher Überzeugung ausgehend, die Ansprüche an mein eigenes Blatt, die *Süddeutsche Zeitung*, zu sammeln. Ich darf Ihnen das Ergebnis meiner damaligen Überlegungen vortragen:

»Die *Süddeutsche Zeitung* ist ein Spitzenprodukt unter den deutschen Qualitätszeitungen. Sie ist ein politisch unabhängiges nationales Leitmedium mit internationalem Anspruch und regionaler Verankerung. Sie bietet umfassende und verlässliche Information. Sie ist Meinungsführer im politischen und gesellschaftlichen Diskurs. Sie ist ein Blatt, das Informationen überprüft, einordnet und analysiert. Sie ist ein Ort demokratischer und aufgeklärter Diskussionskultur. Sie bietet ihren Lesern die Chance, umfassend zu verfolgen und zu verstehen, was in der Politik, Kultur, Wissenschaft und im Sport vor sich geht.

Die *Süddeutsche Zeitung* erhält den Anspruch aufrecht, die ganze Gesellschaft, mit all ihren Widersprüchen, in all ihrer Vielfalt widerzuspiegeln. Sie findet, ordnet und bewertet Nachrichten, sie bietet Orientierung, sie erklärt Zusammenhänge. Sie ist dabei souverän und eigenständig in der Themensetzung, sie ist hartnäckig in der Recherche; sie arbeitet dem Trend zur Kurzatmigkeit entgegen, indem sie die großen Themen über lange Zeit im Auge behält.«

Sie müssen jetzt nicht glauben, dass ich die Vorlesung zu einer Werbeveranstaltung ummodeln will. Sie dürfen und sollen *Süddeusche Zeitung* einfach durch »Qualitätszeitung« ersetzen: »Die *Süddeutsche Zeitung* interessiert sich für alles, was ihre Leser interessieren könnte. Sie ist ein Blatt, das den Leser überrascht, weil er beim Blättern auf Artikel, Themen und Menschen stößt, von denen er zu Beginn seiner Lektüre noch nicht einmal geahnt hat, dass er sich für sie interessieren könnte. Diese Überraschung gelingt durch die Komposition der Themen und durch ihre exzellente journalistische Präsentation.«

Für den Professor und für die Standlfrau

Das klingt wie eine Jubelarie. Es ist aber nicht unbedingt die Beschreibung eines Ist-, sondern eines Sollzustands. Es ist eine Anspruchsarie: »Die *Süddeutsche Zeitung* ist ein Blatt, das stolz darauf ist, die besten deutschsprachigen Schreiber zu beschäftigen. Sie ist ein Blatt, das Reportagen, Analysen, Kommentare und Leitartikel so schreibt, dass es nicht nur ein Gewinn, sondern auch ein Genuss ist, sie zu lesen. Sie befriedigt Hunger und sie weckt Appetit. Sie ist also eine Zeitung mit Mehrwert, weil und indem sie journalistische Professionalität und journalistische Poetik vereinigt. Die *Süddeutsche Zeitung* ist das Gegenprogramm zum Fachidiotentum. Sie ist ein Blatt sowohl für den Universitätsprofessor als auch für die Standlfrau vom Viktualienmarkt. Sie ist kein Blatt für eine bestimmte Klientel oder für bestimmte Zielgruppen. Sie ist in der Lage, auch komplizierte Themen so darzulegen, dass der Experte das respektiert und der Laie es versteht. Der Laie erhält einen Zugang zum Thema, der Kenner goutiert die Details und die Finessen ihrer Darlegung.

Die *Süddeutsche Zeitung* ist damit ein Blatt, das auch eine demokratische Mittlerrolle spielt. Demokratie setzt die öffentliche Debatte voraus: Je mehr sich die Berufswelten der Menschen voneinander entfernen, je mehr Experten es gibt für immer mehr Fach- und Unterfachgebiete, desto dringender wird der Bedarf nach einer Zeitung, die eine Plattform ist, auf der alle stehen können und die allen etwas bietet. Die *Süddeutsche Zeitung* ist eine solche Plattform. Sie stellt einer großen Zahl von Menschen die gleiche Wissensbasis zur Verfügung – für ihre Fragen, Urteile und Entscheidungen. Diese große Plattform ist zugleich die Basis für den ökonomischen Erfolg des Blattes.

Die Redaktion der *Süddeutschen Zeitung* braucht weiterhin die Fähigkeit und die Kraft, also ausreichendes und qualifiziertes Personal, um diesen Anforderungen gerecht werden zu können. Sie braucht ein qualifiziertes und weit verzweigtes Korrespondentennetz im In- und Ausland, sie braucht gut besetzte Büros in den politischen Zentren, zumal in Berlin und Brüssel, sie braucht eine hochkompetente Zentralredaktion in München zur Lenkung und Leitung, eine Zentralredaktion mit exzellenten Autoren, Rechercheuren, Fach- und Produktionsredakteuren – die in politischer und wirtschaftlicher Unabhängigkeit arbeiten können. Handwerkliche Qualität und Aktualität der Berichterstattung, Originalität und Souveränität in Analyse und Meinung lässt sich nicht mit dem Abdruck von Agenturmaterial herstellen. Die Redaktion der *Süddeutschen Zeitung* besteht nicht aus einer Produktionsmaschinerie plus ein paar herausragenden Autoren. Sie besteht aus Redakteuren mit verschiedensten individuellen Fähigkeiten, die klug genutzt werden und zu ihrer Brillanz kommen müssen. Diese Kapazitäten zu pflegen und zu ermuntern ist Aufgabe der Redaktionskonferenz und der Chefredaktion.«

Meine Zeitung, Lizenz Nummer 1

Ich schreibe und sage hier immer *Süddeutsche Zeitung*. In Wahrheit ist das, was ich hier vortrage, mein Idealbild von Zeitung, ob sie digital oder gedruckt erscheint. Lassen Sie mich noch ein paar Sätze zu meiner Zeitung, der *Süddeutschen*, sagen: Diese Zeitung erschien vor über fünfundsechzig Jahren zum ersten Mal. Es war der 6. Oktober 1945. Das Ende des Krieges war erst ein paar Monate her, Deutschland war ein Trümmerhaufen, München eine Schutthalde, es gab noch kein Grundgesetz, keine Landesverfassung, es gab nichts zu essen und es gab wenig Zuversicht. Die Heimkehrer aus dem Krieg hatten das Gefühl, dass es kein Zuhause mehr gibt. Zu Hause – das waren Gestank, Schwarzmarkt, Hunger, Diebstahl, Faustrecht und Betrug. Das war in Köln so und in Hamburg, in Hannover, Dresden, Kassel und München. Im Inneren der Menschen setzte sich die äußere Verwüstung fort; die Zukunft war ein bombentrichtergroßes Loch. Es ist die Zeit, von der Heinrich Böll schreibt, dass nicht wenige Menschen es nur allmählich wagten, das Leben, ihr Leben wieder anzunehmen. Es gab freilich auch die anderen Überlebenden, die mit dem abwaschbaren Gewissen, die vor, in und nach der Nazikatastrophe politisch richtig lagen.

Erste Ausgabe der *Süddeutschen Zeitung*, acht Seiten, Erscheinungsweise nur zweimal die Woche, es herrscht Papierknappheit. Die drei Gründerväter der *Süddeutschen Zeitung* (Edmund Goldschagg, Franz Josef Schöningh und August Schwingenstein) haben die Lizenz Nummer 1 der Militärregierung Ost erhalten, die SZ ist damit die erste deutsche Zeitung, die mit Genehmigung der Amerikaner in Bayern erscheint. Sie wird, so verspricht es die erste Ausgabe, »als Stimme einer freiheitlichen Gegenwart allen jenen jungen Kräften offen stehen, die an der geistigen und kulturellen Umgestaltung Europas mitwirken wollen«. Nach zwölf Jahren Lüge, so hieß es weiter, wolle die Zeitung beweisen, »dass noch echte demokratische Gesinnung in Deutschland lebt«. Das formuliert einen hohen, einen unglaublich hohen Anspruch.

Schon in den sechziger Jahren ist die Zeitung im britischen Unterhaus als eine »der Säulen der Demokratie in Deutschland« bezeichnet worden. Ihr gelang es, die guten und die besten deutschen Journalisten zu versammeln. Hans Habe, der Schriftsteller und Journalist, stellte die erste Wochenendbeilage zusammen, Karl Valentin schrieb Geschichten im Lokalteil. Die Zeitung begleitete die Entnazifizierung, die Demokratisierung, das Wirtschaftswunder. Ihre politischen Kommentare galten als wegweisend. Sie entwickelte sich zum nationalen Blatt, wirbt mit dem Motto »In München geboren, in der Welt zu Hause«. Sie wurde schließlich zur größten deutschen überregionalen Abonnementstageszeitung. Kennzeichen der Zeitung ist das »Streiflicht« – nicht ganz von der ersten Ausgabe an, aber fast. Seit 1946 steht es auf der ersten Seite, erste Spalte, links oben, also auf dem Platz, auf den normalerweise der erste Blick des Lesers fällt. Es ist das Revers der Zeitung, die Nelke im Knopfloch, hat mal jemand über diese tägliche Glosse gesagt. Wer wissen will, was diese *Süddeutsche Zeitung* ausmacht, der muss es lesen. Dort spürt man den Geist der Zeitung besonders – und vielleicht auch, warum sie so erfolgreich geworden ist.

Die Glosse ist eine Sonderform des Kommentars. Und damit sind wir jetzt wieder, mit einigem Vorlauf, beim Kernthema der heutigen Vorlesung – beim Kommentar, bei meinem Lieblingsmetier. Manchmal fragen mich die Journalistenschüler: »Warum schreiben Sie eigentlich Kommentare?« Ja, warum? Politik analysieren, Parteitage beleuchten, Strategien bewerten, Gesetze zerlegen. Hundert, vielleicht auch zwei- oder dreihundert Kommentare zum Asylrecht. Und was hat es genutzt?, fragen die Studenten. Gegen die Sicherheitsgesetze angeschrieben. Sie traten in Kraft. Für eine Verfassungsreform geworben. Sie kam nicht. Eine transparente Altersversorgung der Politik angemahnt. Da hat sich wenig getan. Soziale Gerechtigkeit angemahnt. Na ja. Und so weiter und so weiter. So viele Kommentare – und was hat es genutzt?

Kitzeln, kratzen, überzeugen

Warum schreibe ich Kommentare? Die einfachste Antwort: In der *Süddeutschen Zeitung* gibt es eine ganze Seite, die Seite 4, die mit »Meinungsseite« überschrieben ist, und schon in meinem ersten Vertrag steht: »Politischer Kommentator«. Das verpflichtet – wozu? Zum Beispiel dazu: Sich nicht zu drücken vor einer klaren Meinung. Sich eine Meinung zu erarbeiten. Und dazu, sie so hinzuschreiben, dass möglichst jeder sie versteht und dass es, wenn es gut geht, ein Vergnügen ist, sie zu lesen – und zwar auch für den, der sie nicht teilt. Ein Kommentar ist ein Diskussionsbeitrag. Dessen Kraft hängt sicher auch von der Auflage des Blattes ab, in dem er erscheint. Aber das allein ist es nicht. Ein lahmer Kommentar bleibt ein lahmer Kommentar, ob er nun im *Sechs-Ämter-Boten*, im *Standard* oder in der *Süddeutschen Zeitung* gedruckt wird. Ein

Kommentar soll nicht kaltlassen; er soll anregen oder aufregen, er soll entweder überzeugen oder zum Widerspruch herausfordern.

Natürlich muss ein Kommentator Partei ergreifen, nicht für eine politische Partei, sondern für eine Sache, manchmal auch für eine Person; für die Grundrechte – und im Zweifel: für die Schwachen, für die, die Unterstützung brauchen, weil sie sonst niemand hört. Kommentieren heißt nicht: irgendetwas meinen. Der Kommentar ist nicht irgendein Geblubber, der Kommentator schreibt nicht aus dem Bauch, sondern aus dem Kopf und manchmal mit Herz und Seele. Und ein guter Kommentar schreibt sich nicht, auch wenn es ein Kurzkommentar ist, zwischen Tagesschau und Wetterkarte. Ein guter Kommentar erfordert Sachkunde. Es reicht nicht, irgendetwas zu meinen. Man muss etwas wissen, man muss im Stoff stehen, um gut argumentieren, um gut kommentieren, um einordnen und bewerten zu können.

Der gute Kommentar ist für den Leser – ob in Print oder online – ein Schlüssel zur Erkenntnis. Und weil jeder Leser dankbar ist, wenn ihm die Tore und Türen der Erkenntnis aufgesperrt werden, wird es den Kommentar immer geben. Ein Kommentar ist nicht erst dann gut, wenn er in der morgendlichen Lagebesprechung des Ministeriums zualleroberst liegt. Wenn der Kommentar Parteigremien beschäftigt, schön. Wenn er die Leserinnen und Leser beim Frühstück zur Diskussion reizt, ist es besser. Wenn es gar Spaß macht, daraus vorzulesen, ist es am besten. Ob der Leser zustimmt oder ob er sich am Kommentar reibt, ob der Kommentar also kitzelt oder kratzt – das ist vielleicht gar nicht entscheidend. Im Übrigen: Wenn man als Kommentator gegen den Strom schwimmt, kann man nicht erwarten, dass der Strom deswegen seine Richtung ändert.

Der Kommentator ist nicht klüger als seine Leserinnen und Leser; er hat aber ein Privileg: Zeit, kontinuierlich politische Themen zu verfolgen. Das nämlich ist sein Job. Er hat gute Quellen, er hat die Möglichkeit, nachzubohren, er hat ein Archiv und ein Dutzend Zeitungen zur Hand, er kann fremde Meinungen sammeln, wägen und die eigene daran schärfen. Und er sollte – das ist eben sein Beruf – über die handwerkliche Kunst verfügen, sie geschliffen zu formulieren.

Zugegeben: Manchmal schreibt man für (oder gegen) die Kollegen; auch Kommentatoren sündigen halt – wenngleich eine gewisse Eitelkeit zum Metier gehört. Der Journalismus ist, fast wie die Schauspielerei, ein extrovertiertes Gewerbe. Jedes Wort, jeder Satz richtet sich nach außen, jeder kann jederzeit nachlesen, was der Kommentator Prantl denkt und macht. Oft schreibt er zuallererst für sich selber, und das ist gar nicht so schlecht: ein neues Thema, ein neues Problem – der Kommentar zwingt den Kommentator dazu, sich erst einmal selber klarzuwerden und das Ergebnis dann zu vertreten, zu verfechten, zu verteidigen.

Der Kommentar, der Leitartikel hat sehr viel zu tun mit Streitkultur. Lassen Sie mich ein wenig vom Streiten erzählen: Als die Welt noch etwas rauer war als heute, hielt man auf die schöne Sitte, dass sich vor einer Schlacht die Heerführer gegenübertraten und sich unbändig beschimpften: »O du räudiger Hund und Sohn eines räudigen ...« – na ja, wie man halt so redet, bevor das Schwert sprechen soll. War das Streitkultur? Wenn die Sache gut lief und die zwei Feldherren vor ihnen, konnte es durchaus vorkommen, dass die Schlacht storniert wurde und man sich stattdessen zu einem allgemeinen völkerverbindenden Besäufnis zusammensetzte. Unter den Militärs sind solche Rituale ausgestorben, leider, wie man anmerken muss. Unter Kindern und Heranwachsenden dienen sie nach wie vor der vergleichsweise schmerzfreien Ermittlung dessen, wer letztlich »das Sagen hat«. Als besonders gelungen gelten in bestimmten Kulturkreisen Beschimpfungssequenzen, die sich reimen; wer keinen Antwortreim mehr findet, hat verloren und muss sich unterwerfen.

Das Streit-Stück

Von dieser Urform der Streitkultur hat sich in der Politik ein wenig erhalten – das zeigt sich dann, wenn festgestellt werden soll, wer denn künftig das Sagen hat, also etwa im Wahlkampf. Die Streitkultur leidet aber dann des Öfteren an der Fantasielosigkeit und an mangelndem Streitwitz der Duellanten – der Streit wird öde und plump, statt an scharfer Eleganz zu gewinnen. Nun könnte die Kommentarkultur in der deutschen Publizistik die allgemeine Streitkultur befördern – sie tut es aber leider viel zu wenig. An den Journalistenschulen ist der Kommentar heute nur Nebenfach, wohl deswegen, weil die Basis für das Kommentieren ein profundes Sachwissen sein muss; man kann nicht einfach schnell und gut, wie in der Reportage, in ein Thema eintauchen. Man muss sich im Thema auskennen. An den deutschen Universitäten wird das Streiten gar nicht gelehrt. Dort lernt man eher, wie man sich vor der Auseinandersetzung drückt, indem man seinen Text in einer Flut von Fußnoten ertränkt. Streiten gilt nämlich als unfein. Das ist schade. Streiten ist nicht unfein, sondern nur anstrengend. Wir sollten uns mehr anstrengen.

Das Juwel, der Leitartikel

Der Kommentar ist das journalistische Feld für Streitkultur. Und die Krone, das Juwel der Kommentare, ist der Leitartikel. Früher nannte man ihn das Flaggschiff der Zeitung. Es gibt Tage, an denen ein Leser den Leitartikel verflucht – weil er ihm einfach nicht passt, weil das Stück aber trotzdem gut argumentiert und so geschrieben ist, dass der Leser damit ringt. Es gibt aber auch den Tag, an dem der Leitartikler selbst den Leitartikel verflucht – das sind die Wahlsonntage. An den Sonntagen, an denen in Deutschland Landtage oder der Bundestag gewählt werden, die Wahllokale bekanntlich um 18 Uhr schließen, aber trotzdem schon um 17.30 Uhr der erste Leitartikel fertig sein soll, ist der Leitartikler, mit Verlaub, eine arme Sau.

Der Leser in Wien oder Hamburg, der Leser also, der diese frühe Druckausgabe ausgeliefert bekommt, kennt ja beim Lesen des Leitartikels längst das, was der Leitartikler allenfalls ahnte, und wundert sich also sehr, wenn im Leitartikel Dinge stehen, die mit der mittlerweile unumstößlichen Realität nicht in Einklang stehen. An solchen Tagen tut es der Leitartikler dem römischen Haruspex nach, der aus den Eingeweiden der Opfertiere die Zukunft las. An solchen Tagen könnte der arme Leitartikler aus seiner Not eine Tugend machen und über Sujets schreiben, über die er sonst nie schreibt: über die Auswirkungen des Augsburger Religionsfriedens von 1555 auf den deutschen Föderalismus von heute zum Beispiel. Oder über den wechselnden Phänotyp des Kinderwagens als jeweiligen Ausdruck der Fertilität eines Landes. Oder über das Kopftuch als Indiz für den Entwicklungsstand der Gesellschaft. Oder darüber, wie die Schlacht im Teutoburger Wald Europa bis zum heutigen Tage prägt. So ähnlich haben das die Kollegen in den sechziger Jahren gemacht – nein, nicht so ähnlich, sondern so: Sie haben über die »Wahl als solche« philosophiert, also über Gnade, Fluch und Segen der Demokratie und über die Schwierigkeiten der Zeiten an sich.

So ein Stück steht aber an jedem anderen Tag besser im Blatt als nach einem Wahltag, denn an diesem Tag trägt das gute Stück den Notstempel, und den haben die Demokratie und der Parlamentarismus als solcher nicht verdient. Also lässt sich der Leitartikler doch von der Notwendigkeit und dem eigenen Ehrgeiz verführen und wagt, gerüstet mit gut vorbereiteten Textentwürfen für alle Eventualitäten, den Parforceritt durch den Wahlabend. Die erste Hürde liegt bei 18.30, die letzte nach Mitternacht, wenn der Andruck der letzten Ausgabe beginnt. Und bis dahin hat dann der Leitartikler sein gutes Stück fünf- oder sechsmal geändert, ergänzt und umgeschrieben. Wenn er Pech hat, erfährt er dann am nächsten Tag, dass die Druckerei die Seite mit den Änderungen versehentlich nicht in die Druckmaschine gehängt hat. Wenn er sehr viel Pech hat, gab es im Verlauf der Stimmenauszählung große Überraschungen.

Der Leitartikler wird, das liegt in der Natur der Sache, anders als der Schreiber schöner Reportagen, nicht immer von allen Lesern geliebt. Bei massiven, zumal parteipolitisch verhärteten Auseinandersetzungen könnte wohl der liebe Gott den Kommentar schreiben – und ein Teil des Publikums wäre verärgert, genervt oder empört über die Einseitigkeit. In vielen Zuschriften steht der Satz: Der Leitartikel sei doch »nicht objektiv«. Da haben die Zuschriften recht, immer. Kommentare sind nie objektiv, können, dürfen es auch nicht sein, sonst wären sie keine. Meinung ist immer subjektiv – aber sie sollte so geschrieben sein, dass sie auch dem Leser Vergnügen bereitet, der anderer Meinung ist. Wenn das gelingt, ist der Leitartikel der Diamant des Journalismus. Ein Diamant ist, wie man weiß, hart, er hat Glanz und Schliff. Im Lexikon heißt es unter dem Stichwort »Diamant« außerdem: Er sei durchsichtig, selten kräftiger gefärbt. Beim Kommentar ist das allerdings anders: Er soll Farbe haben (wenn es nicht gerade eine Parteifarbe ist).

Die Klarheit der Erkenntnis

Besonders hoch entwickelt war die Kunst des harten und kräftig gefärbten Leitartikels zu Tucholskys Zeiten. Damals hat etwa ein Joseph Roth mit einer kühlen Genauigkeit und einer blitzenden Schärfe die Schrecknisse der Naziherrschaft vorausgesagt und beschrieben, dass es einem heute kalt den Rücken herunterläuft. Zuweilen steigert sich bei Roth die schlanke Aggressivität zum visionären Pathos, wenn er etwa einen Bettler beschreibt, der in einer Winternacht »Deutschland, Deutschland über alles« singt; oder sie spannt sich zum massiven Affront, der das Vulgäre bewusst als Waffe einsetzt. Dann fallen Sätze wie dieser: »Nicht nur Siegesalleen – auch Bedürfnisanstalten können die Gesinnung eines Volks charakterisieren … Ein echter Nationaler kann keine Rotunde verlassen, ehe er nicht seinem Drange, ein Hakenkreuz hinter sich zu lassen, Genüge getan.« Die Joseph-Roth-Kommentare aus der Weimarer Zeit sind von einer so großen Klarheit der Erkenntnis, dass man verzweifeln könnte – weil schon 1920, 1925 das Schreckliche, das kommen wird, so luzide vorhergesagt wird. Es hat bekanntlich nichts geholfen.

Wir sind also bei der Frage: Was kann ein Kommentar bewirken – wenn selbst ein Joseph Roth, wenn selbst ein Tucholsky offensichtlich nichts bewirken konnten? Als ich die Frage einmal einem geschätzten Kollegen vom Feuilleton stellte, war dessen Antwort verblüffend. Warum schreibt man einen Kommentar? Antwort: Dass ihn kein anderer schreibt. Weil Joseph Roth andere, viel höhere Ansprüche hatte, kapitulierte er vor der deutschen Gegenwart der dreißiger Jahre. Vor seinem vielleicht zu hoch angesetzten Begriff von möglichen Veränderungen der Welt durch Sprache suchte er nach einem rettenden Abseits. Viele seiner Kollegen flüchteten ins Ausland – er flüchtete in sein Utopia, in die Vergangenheit, die Alt-Österreich hieß. Mit dem »Radetzkymarsch« und der Hymne an die gute alte Zeit löschte der Romancier Joseph Roth den politischen Kommentator Joseph Roth aus.

Ein Stein, den man ins Wasser wirft

Was kann ein Leitartikel heute, in demokratischen Zeiten? Am schönsten für den Leitartikler ist es, wenn er einen Leser, dessen Meinung noch nicht festgefügt ist, überzeugen kann. Ein Leitartikel ist nicht erst oder nicht schon dann gut, wenn er von Politikern diskutiert oder im Radio zitiert wird. Das muss kein Qualitätsmerkmal sein, das hängt auch von der Auflage des Blattes ab. Ein lahmer Kommentar bleibt aber ein lahmer Kommentar, ob er in einer kleinen oder in einer großen Zeitung steht. Der Leitartikel ist nicht dann »demokratisch«, wenn er danach trachtet, die Mehrheitsmeinung abzubilden; nichts wäre langweiliger – dann könnte man ja die Kommentare abwechselnd von Forsa und der Forschungsgruppe Wahlen schreiben lassen. Ein Leitartikel ist dann »demokratisch«, wenn er, sagen wir es ein wenig pathetisch, »zum Gespräch verhilft«.

Ein Leitartikel ist wie ein Stein, den man ins Wasser wirft. Er verändert die Qualität des Wassers nicht, zieht aber Kreise. Kommentare sind kleine Steine, Leitartikel große. Im Unterricht an der Journalistenschule erklärt das der Dozent so: Im Kommentar reicht ein Gedanke, im Leitartikel reichen drei. Das klingt ein wenig simpel, soll aber der Gefahr vorbeugen, mit einem Kommentar oder Leitartikel die Welt verändern zu wollen und deshalb all das hineinzupacken, was man schon immer sagen wollte. Der Kommentar ist weder ein feuilletonistisches Rätsel noch die moderne Version der jesuitischen Volksmission. Er ist ein Beitrag zur Meinungsbildung, zur Streitkultur und Auseinandersetzung. Und die Kunst besteht darin, dass die Verwirklichung dieses Vorhabens nicht so spröde klingt wie dieser Satz. Zu diesem Zweck muss der Leitartikel nicht nur argumentieren, er darf historisieren und kolorieren, er darf fabulieren und ventilieren. Der Leitartikel darf alles – nur nicht langweilen.

Es gibt zwei Arten von Meinungsbeiträgen: den Kommentar, der klar Stellung bezieht; und den Kommentar, der nicht recht weiß, was er will, der erst einerseits sagt und dann andererseits und es schließlich dem Leser überlässt, sich zu entscheiden. Ein solches

Meinungsstück kann durchaus seine Berechtigung haben; nicht jedes Thema verträgt zu jeder Zeit ein klares Pro oder Contra. Aber nicht selten entspringt das Einerseits und Andererseits nur der Scheu des Kommentators vor der Festlegung auf eine Position. Dann lässt er jede Meinung ein wenig vorkommen, der Kommentar wird beliebig. Nennen wir diesen Typus ruhig den öffentlich-rechtlichen Kommentar.

Warum schreibst du, Papa?, fragte meine Tochter, als sie vier Jahre alt war. Und ohne die Antwort abzuwarten, setzte sie sich am Sonntagmorgen neben mich an den Schreibtisch, klopfte ihren eigenen Kommentar für die Montagsausgabe in die Kinderschreibmaschine. Später musste es der Laptop sein. Dann hat sie sich entschlossen, nicht zur Zeitung zu gehen, sondern Malerin zu werden; ein Bild geht schneller von der Hand als ein Artikel, meint sie: »Drei Kringel, schönen Rahmen rum, teuer verkaufen.« Künstlerin ist der Traumberuf aller Jugendlichen – der Feuilletonchef hat mir in der großen Konferenz eine entsprechende Statistik gezeigt: Jurist kommt ganz hinten, Journalist auch. Im Kalender habe ich mir einen Tag angestrichen. Ich kam ausnahmsweise einmal pünktlich nach Hause, Nina, damals fünf, war noch wach. »Was hast du heute gemacht?«, hab ich sie gefragt. »Zwei Leitartikel geschrieben«, war ihre Antwort. – Worüber? – »Einen über Gorbatschow«, sagte sie, »und einen über den dummen Minister«. Und ich fragte mich: Welches Bild vermittelst du eigentlich deinen Kindern von der Welt?

Im Kommentar, im Leitartikel, geht es meist um Politik und Politiker. Die einen Politiker kennt man mehr, die anderen weniger. Eine gewisse Distanz tut dem Kommentar gut. Ich bin nun bei den Beziehungen von Journalisten und Politikern. Es gibt da ein

Haupterlebnis, das ich vor langer Zeit, eher noch in meinen frühen journalistischen Jahren, gemacht habe. Es war ein Erlebnis, das ich als Interviewer gemacht habe – aber es lässt sich, denke ich, auf das Gesamtverhältnis Journalist/Politiker übertragen.

Der gescheiterte Präsidentschaftskandidat

Ich erzähle Ihnen nun diese Geschichte, die ich »Das finale Interview« genannt habe. Untertitel: Wie viel Fürsorge muss der Interviewer dem Interviewten angedeihen lassen? Allgemeiner gefragt: Wie viel Fürsorge muss ein Journalist einem Politiker angedeihen lassen? Also: Das Interview mit Steffen Heitmann erschien ganzseitig in der Wochenendausgabe der *Süddeutschen Zeitung* vom 18./19. September 1993. Zu seinem Ende als Bundespräsidentschaftskandidat der Union trug es wesentlich bei. Er begründete in diesem Interview seine damals schon im Umlauf befindlichen und heftig kritisierten Äußerungen über Ausländer in Deutschland, über die Rolle von Frauen in der Gesellschaft und über die Nazivergangenheit. Er erklärte zum Beispiel, warum er 1990 in Stuttgart, bei seinem ersten Westbesuch nach der Wiedervereinigung, die vielen Ausländer, die er dort sah, als unangenehm empfunden habe. Und er warnte auch davor, aus dem Holocaust eine Sonderrolle Deutschlands abzuleiten. Der organisierte Tod von Millionen Juden in Gaskammern sei zwar tatsächlich einmalig gewesen – »so wie es viele historisch einmalige Vorgänge gibt«. Es sei aber nun, weil die Nachkriegszeit mit der deutschen Einheit endgültig zu Ende gegangen sei, der Zeitpunkt gekommen, »dieses Ereignis einzuordnen«. Die Nazivergangenheit dürfe keine Dauerhypothek für Deutschland sein, der Historikerstreit sei überholt. Heitmann sprach davon, dass er »einfach Empfindungen Ausdruck gegeben« habe, »die viele haben«. Es müsse doch möglich sein, solche Empfindungen »einmal auszudrücken«.

Schon bei der Rückkehr mit dem Tonband in der Aktentasche hatte ich meiner Redaktion gesagt: »Wenn er das so autorisiert und wenn das gedruckt wird, ist er unhaltbar.« So war es in der Tat: Einige Wochen später zog der damalige sächsische Justizminister seine Kandidatur zurück. Auch sein Erfinder und Förderer, der damalige Bundeskanzler Helmut Kohl, konnte oder wollte ihn nicht mehr halten. Zum deutschen Staatsoberhaupt wurde am 23. Mai 1994 nicht Steffen Heitmann aus Sachsen, sondern Kohls neuer Kandidat Roman Herzog gewählt. Das Interview war natürlich, wie es üblich ist, autorisiert. Heitmann hatte das eigentlich gar nicht verlangt. Er vertraue mir, hatte er gesagt. Ich hatte aber darauf wohlweislich bestanden, der prognostizierten Explosivität wegen, hatte das Tonband mit dem zweistündigen Gespräch abschreiben lassen, die erste Stunde mit eher bekannten justizpolitischen Ausführungen Heitmanns unter den Tisch fallen lassen, die zu druckende Interviewfassung aus der zweiten Stunde des Interviews geschöpft und ihm per Fax zur Genehmigung vorgelegt. Er und/oder seine Pressestelle erkannten die Explosivität nicht, machten nur marginale Änderungen.

Als man im Bonner Konrad-Adenauer-Haus, in der Parteizentrale der CDU, das Glimmen der Zündschnur bemerkte, war es zu spät: In letzter Sekunde versuchte man dort, das Interview in bestimmten Passagen zurückzuziehen. Ich willigte ein, allerdings mit der – zutreffenden – Bemerkung, die erste Ausgabe sei bereits im Druck, für die sogenannte Fernausgabe sei nichts mehr zu machen; später ja. Der Anrufer war erst einmal erleichtert, meldete sich aber kurz darauf noch einmal: »Laufen lassen.« Eine starke Veränderung des – genehmigten! – Interviews von der ersten zur zweiten SZ-Ausgabe wäre ein öffentliches Schuldzugeständnis gewesen. Das Interview wurde also gedruckt. Arnold Vaatz, damals sächsischer Ministerkollege Heitmanns, heute CDU-Bundestagsabgeordneter, giftete mich noch vor wenigen Jahren beim Juristentag an: »Aus der Brust von Heitmann schauen immer noch die Zinken Ihrer Forke.« Mistgabel? Es wäre meine Pflicht gewesen, sagte Vaatz, Heitmann vor sich selbst zu warnen. Ich hätte die politische Naivität des Mannes ausgenutzt, der die Sensibilitäten des Westens nicht habe kennen können.

Ein kleiner Auszug aus dem Interview: »Das Merkwürdige ist in der Bundesrepublik Deutschland, dass es ein paar Bereiche gibt, die sind tabuisiert. Es gibt eine intellektuelle Debattenlage, die nicht unbedingt dem Empfinden der Mehrheit der Bürger entspricht, die man aber nicht ungestraft verlassen kann. Und dazu gehört das Thema Ausländer, dazu gehört das Thema Vergangenheit Deutschlands, die Nazivergangenheit, dazu gehört das Thema Frauen. Ich glaube, dass man diese Debatten auch aufbrechen muss, selbst auf die Gefahr hin, dass man dann in bestimmte Ecken gestellt wird, in denen man sich gar nicht wohlfühlt. Ich glaube, man muss versuchen, auch dem Normalbürger eine Stimme zu geben in diesen Debatten.« Aus diesem Satz wurde die Überschrift des Interviews gemacht: »Man muss dem deutschen Normalbürger eine Stimme geben.«

Heitmann hat in diesem Interview wohl versucht, sein Bild in der Öffentlichkeit zu korrigieren – und alles nur noch schlimmer gemacht. Er hat im Gespräch wohl auch versucht, mich, seinen Interviewer, den er seit Längerem gut kannte, von seiner Lauterkeit zu überzeugen. Oft hatten wir uns schon unterhalten, vor allem über rechtspolitische Themen. Ich hatte den ein wenig seltsamen Menschen studiert: Neben Kohl wirkte Heitmann wie der junge Vikar, der seine erste Stelle antritt: zerbrechlich, durchgeistigt, vom Leben wenig beleckt. Ein solcher erster Eindruck trog: Schon bei einer kurzen Pressekonferenz wurde einem klar, dass Heitmann zwar schmächtig ausschaut, aber selbstbewusst auftritt, sendungsbewusst fast.

Ich hatte ihn schon mehrmals interviewt – über Regierungskriminalität, über den strafrechtlichen Umgang mit den früheren DDR-Machthabern, über den Aufbau einer demokratischen Justiz in den neuen Bundesländern. Er war kompromisslos in seinem Urteil über all die, die sich mit dem DDR-System arrangiert, die mit ihm kooperiert hatten. Im Osten hatte er sich deshalb den Ruf eines »Pfarrers Gnadenlos« erworben – mit so harter Hand regierte er die Justiz seines Landes. Von den Justizministern in den neuen Ländern war er damals der Einzige, der aus dem Osten kam. Und er war es wohl auch, der dort, in seinem Bundesland Sachsen, die Justiz am schnellsten wieder ins Laufen brachte. Das hatte mir durchaus imponiert.

Nein, befreundet waren wir nicht. Aber gut bekannt, ein wenig vertraut miteinander – wie es sich so ergibt, wenn man sehr oft miteinander umgeht und irgendwie miteinander kann, wenn man des Öfteren miteinander gegessen und getrunken, sich dabei über allerlei Politisches und Privates unterhalten hat. Diese persönliche Beziehung war und ist wichtig, um die Frage zu beurteilen, um die es mir hier geht.

Die Pflichten des Journalisten

Welche Pflichten hat man gegenüber einem Politiker, der einem, auch übers Journalistische hinaus, vertraut, der einen also bisweilen im Gespräch nach der eigenen Meinung, ja auch um Rat fragt? Muss man ihn, sobald das Interview beginnt, ausdrücklich darauf hinweisen, dass jetzt nicht mehr sein Bekannter, sondern nur der Journalist ihm gegenübersitzt? Gibt es eine Pflicht des Journalisten, einen Politiker – wie es Arnold Vaatz von mir forderte – vor sich selbst zu schützen? Nicht jeden vielleicht, aber einen, den man näher kennt?

Ich wusste, dass die Kritik, die auf ihn als Bundespräsidentschaftskandidat einprasselte, ihm zu schaffen machte. Aber er war nicht bereit, sich zu ducken, nicht bereit, die Zitate, die von ihm in Umlauf waren, wieder einzusammeln. Er war von stoischer Sturheit. Steffen Heitmann wusste, dass ihm die Weltläufigkeit eines Richard von Weizsäcker fehlte. Wie viele seiner Landsleute aus dem Osten war er sein Leben lang über die Heimatstadt nicht hinausgekommen. In seinem ganzen Leben hatte er, abgesehen von der Studentenbude in Leipzig, wo er Theologie studierte, nur zwei Wohnsitze gehabt, in Dresden, zwanzig Minuten auseinander.

Muss ein deutsches Staatsoberhaupt fließend Englisch sprechen? Heitmann verwies stattdessen auf seine humanistische Bildung als evangelischer Theologe und Kirchenjurist: Latinum, Graecum, Hebraicum –

ob das denn nichts sei? Er empfand die Defizite nicht, die man ihm vorwarf: »Die Begrenzung, die uns auferlegt war, hat Chancen geboren: Die Möglichkeit zur Konzentration« – die er augenscheinlich genutzt hatte. Er sah asketisch aus, aber nicht zerfurcht, also wie eine gebügelte Ausgabe des brillanten Heiner Geißler; aber er war bei Weitem nicht so gewieft und ausgebufft.

Muss man einem solchen Mann auf die Sprünge helfen? Ihn warnen vor dem, was er sagt? Muss man ihn warnen aus dem Wissen heraus, dass er sich bei einem anderen Interviewer womöglich nicht ganz so unbefangen erklärt, dass er vielleicht ein Interview zu den umstrittenen Themen gar nicht mehr geführt hätte? Hat man, weil man weiß, was kommen wird, eine – wie das Juristen sagen – »Garantenpflicht«? Einer, der eine solche Garantenpflicht hat, macht sich nicht nur durch ein Tun, sondern auch durch ein Unterlassen einer hilfreichen Aktion schuldig.

Haltung und Halt

Garantenpflicht? Ein Interview ist keine Bergtour, bei der einer für den anderen einzustehen hat. Es ist zwar womöglich eine gefährliche Unternehmung – aber keine, die auf gegenseitige Hilfeleistung angelegt ist. Der Interviewer hat gegenüber dem Interviewten auch nicht die Pflichten, wie sie der Anwalt gegenüber dem Mandanten oder der Arzt gegenüber dem Patienten hat. Aber abseits solcher spezieller vertraglicher Vertrauens- und Pflichtenverhältnisse gibt es vielleicht doch Obliegenheiten, die daraus erwachsen, dass der Interviewte sich als recht arglos präsentiert.

Natürlich habe ich das Interview so geführt, wie

ich es stets zu machen pflege, wenn ich Interviews mit Gesprächspartnern führe, die ich gut kenne, die ich mag: Also habe ich, mit dem Einschalten des Tonbandes, den Plauderton verlassen, ich bin förmlicher, lauter geworden, habe den Interviewten mit seinem Titel angeredet. Natürlich habe ich dem Gesprochenen kein einziges Wort zugefügt. Natürlich habe ich mit dem abgeschriebenen Text auch intensiv gearbeitet – lange Passagen weggelassen, gekürzt, verdichtet, komprimiert, zusammengezogen, umgestellt. Das Endprodukt habe ich dem Interviewten vorgelegt, obwohl der eigentlich darauf verzichtet hatte. Das Interview hat also alle formalen Regeln penibel eingehalten. Journalistisch war alles in Ordnung ...

Anlass zum Stolz? Gleichwohl nicht. Es hat im Frage-Antwort-Spiel ein Satz gefehlt, zu dem keine journalistische Regel verpflichtet. Der Satz hätte gelautet: »Sie reden so, dass Sie Ihre Kritiker in ihrer Kritik noch bestätigen; Sie reden sich um Kopf und Kragen.«

Ich bin mir bis heute nicht sicher, ob es dieser Fürsorge bedarf. Ganz sicher bin ich mir aber, dass sich der politische Journalist nicht einspannen lassen darf für Parteipolitik, dass er nicht insgeheim quasi dem Kabinett oder dem Parteivorstand angehören darf. Journalismus, der sich zur Partei für eine Partei macht, macht sich kaputt. Journalisten sind nicht die Claqueure für Politiker, sie sind nicht ihre Buddys und nicht ihre Partner. Guter Journalismus wahrt Distanz. Und ein guter politischer Journalist misst seine Güte nicht daran, wie viele Politiker zu seinem Geburtstag kommen.

Es ist nicht Aufgabe eines Journalisten, Partei für eine politische Partei zu ergreifen. Ich bin der Meinung, ein Journalist sollte gar nicht Mitglied einer Partei sein – ein politischer Journalist jedenfalls nicht. Ein Journalist braucht keine Partei, er braucht Haltung. Im Wort Haltung steckt das Wort »Halt«: Die Gesellschaft braucht ihren Halt in den Grundwerten. Ich habe meine Aufgabe als politischer Journalist stets vor allem darin gesehen, für die Grundrechte und Grundwerte einzutreten: Respekt für Minderheiten, soziale Verantwortung, Gleichheit vor dem Gesetz. In der Präambel der schweizerischen Verfassung steht ein Satz, der mir unglaublich gut gefällt: »Die Stärke eines Volks misst sich am Wohl der Schwachen«. Zu dieser Stärke möchte ich mit meinen Mitteln beitragen.

Ordentliches Denken, ordentliche Sprache

Wir reden von innerer Haltung, von innerer Unabhängigkeit. Ausdruck dieser inneren Haltung, dieser inneren Unabhängigkeit ist die Sprache. Ich habe eingangs, als ich vom Schreibtisch des Dichters Johannes Urzidil erzählt habe, über die Ordnung des Denkens nachgedacht und wie man zu dieser Ordnung kommt. Und ich habe festgestellt: Das Ergebnis ordentlichen Denkens ist, unter anderem, eine ordentliche Sprache. Das gilt bei allen Unterschiedlichkeiten der Sujets, in der Wissenschaft wie im Journalismus. Die Rechtssprache ist, wie alle Wissenschaftssprachen, wie auch die Sprache der Kommunikationswissenschaft, eine Kunstsprache, der es leider immer öfter an Kunst fehlt. Und die Sprache des Journalismus leidet immer öfter an boulevardesker Schludrigkeit. Idealiter könnten die beiden Sprachen, können die beiden Disziplinen Wissenschaft und Journalismus einiges voneinander lernen, aber beide schludern isoliert vor sich hin.

Mein juristischer Lehrer Dieter Schwab klagt in einem Aufsatz über die Reform des Familienrechts: »Seit die Sprache journalistisch wurde, sind die Gesetze Orakeln gleich.« Guter Journalismus weiß freilich, wann und wo welche Sprache notwendig ist. Guter Journalismus ist klar und verständlich, ein gutes Gesetz ist klar und verständlich, ein guter Fachaufsatz ebenso. Die Mittel und Methoden zur Umsetzung dieser Ziele sind jeweils verschieden. Aber gerade, wenn Gesetze orakeln, muss die Deutung und Befassung mit ihnen präzise und anschaulich sein. Der *Neuen Juristischen Wochenschrift* – um diese eine große Fachzeitschrift Pars pro Toto zu nennen – würde man darum auch im sechzigsten Jahr ihres Bestehens noch einen Schuss von virtuosem Fachjournalismus und eine Anleihe bei dessen Mitteln und Methoden gerne gönnen.

Doch es keimt Hoffnung. Wenn die Zeichen nicht trügen, geht zumindest in der juristischen Wissenschaft eine Zeit der sprachlichen Verirrung allmählich zu Ende. Bis vor Kurzem galt ein sprachlich liebloser, in Gliederung und Aufbau schwieriger, ein dahinmäandrierender Text, der den Kern seiner Aussage möglichst verkomplizierte und gut versteckte, als ein wissenschaftlicher Text. Ein gut verständlicher Aufsatz dagegen galt per se als unwissenschaftlich. Das hat sich etwas geändert, seitdem der Journalismus in Print und online der Wissenschaft und den Wissenschaftlern Raum gibt, und seitdem Zeitungen in Print und online wissenschaftlich zitabel geworden sind. Unwissenschaftlich ist nun ja auch in der Tat eher der Wissenschaftler, dessen Artikulationsfähigkeit über die Fachliteratur nicht hinausgeht. Eine Wissenschaft, die nur noch sich selbst befruchtet, ist ziemlich nutzlos. Sie wird ihrer öffentlichen Verantwortung nicht gerecht.

Wissenschaft wie Publizistik brauchen einen Wandel, einen Wandel durch Annäherung. Die Publizistik braucht Sachverstand, die Wissenschaft braucht Verständlichkeit – und die Öffentlichkeit braucht Aufklärung. Im deutschen Grundgesetz kommt das besonders schön zum Ausdruck: Beide sind, und das ist kein Zufall, ganz nahe beieinander, im Artikel 5 des Grundgesetzes geregelt. Wissenschaft und Presse, Wissenschaftler und Journalisten – beide dienen der Aufklärung. Aufklärung – das ist unsere Aufgabe. Dafür sind wir Journalisten, dafür sind wir Kommentatoren da.

Pressefreiheit:
Ein Grundrecht zur bequemen
Berufsausübung?

Vielleicht sollte ich Ihnen, bevor ich über Pressefreiheit und meine Erfahrungen damit rede, ein wenig von mir erzählen – davon, wie ich, auf etwas seltsame Weise, Journalist geworden bin. Vielleicht sollte ich Ihnen das auch deshalb erzählen, weil meine früheren Berufe, Richter und Staatsanwalt, meinen Blick auf den Journalismus und die Pressefreiheit durchaus prägen.

Also, das war so: Das Gewehr mit dem abgesägten Lauf stellte ich wieder zurück in den Schrank und sagte zum Kollegen Clemens Prokop: »Zwölf Jahre!« Diese zwölf Jahre waren die höchste Strafe, die ich als Staatsanwalt jemals beantragt habe, und das abgesägte Gewehr gehörte zu den Beweisstücken in einem Prozess wegen schweren Raubes, Geiselnahme und Menschenhandel. Mein Plädoyer vor der Großen Strafkammer beim Landgericht Regensburg lag hinter mir, die Urteilsverkündung war auf fünfzehn Uhr angesetzt. Es war Mittagspause beim Gericht.

Das Telefon läutet. Der Kollege Prokop nimmt das Gespräch an, es meldet sich »Heigert, *Süddeutsche Zeitung*«, verlangt den Staatsanwalt Dr. Prantl zu sprechen. Anrufe von Zeitungsredaktionen kamen damals viele, nebenbei war ich nämlich damals Pressesprecher für das Landgericht Regensburg. Dieser Anruf freilich war ziemlich ungewöhnlich. Heigert fragte nämlich alsbald: »Wie alt sind Sie eigentlich?« Die *Süddeutsche*

Zeitung suchte einen Nachfolger für den rechtspolitischen Kommentator Robert Leicht, der schon geraume Zeit vorher nach Hamburg, zu der Wochenzeitung *Die Zeit* gegangen war. Ich war damals zweiunddreißig, und das stellte den Alt-Chefredakteur Hans Heigert offenbar zufrieden: »Das könnte passen«, meinte er. So begann meine journalistische Laufbahn bei der SZ.

Vom Bauerngericht zur »Süddeutschen«

Ein knappes Jahr später, am 2. Januar 1988, morgens um acht Uhr, stand ich dann erstmals in den damals weitläufigen Fluren vor der Chefredaktion der *Süddeutschen Zeitung*; es war mein erster Zeitungs-Arbeitstag. Ich war noch den Arbeitsbeginn bei Gericht gewohnt, hatte also noch gut zwei Stunden Zeit, das Kapitel »Prantl in der bayerischen Justiz« abzuschließen – sechs Jahre Amts- und Landrichter, Vorsitzender des Bauerngerichts, Leiter der Zwangsvollstreckungsabteilung, Beisitzer am Beschwerde- und am Schwurgericht, Richter für Wohnungseigentumssachen, Staatsanwalt für allgemeine Strafsachen. Die neuen Kolleginnen und Kollegen waren, das erfuhr ich später, ziemlich skeptisch. Christian Schütze, mein geschätzter Vor-Vor-Vorgänger als Chef des innenpolitischen Ressorts, hat mich freilich dort so liebenswürdig eingeführt, dass ich von den Vorbehalten nichts merkte: ein Staatsanwalt als Nachfahre des liberalen Ernst Müller-Meiningen junior? Einer aus der katholischen Jugendbewegung, aus dem katholischen Regensburg? Noch dazu einer, der (wie ich zu diesem Titel kam, weiß ich nicht) als schärfster Wackersdorf-Staatsanwalt gilt? War nicht eine liberale rechtspolitische Kommentierung seit jeher ein Aushängeschild des Blattes gewesen? Und nun so einer?

Der Chefredakteur, als er mich in der großen Konferenz vorstellte, wies werbend darauf hin, dass der neue Kollege, also ich, auch schon wissenschaftlich über den Journalismus gearbeitet habe – was freilich niemanden sehr beeindruckte, obwohl meine Doktorarbeit den wunderbaren Titel trägt: »Die journalistische Information zwischen Ausschlußrecht und Gemeinfreiheit. Eine Studie zum sogenannten Nachrichtenschutz, zum mittelbaren Schutz der journalistischen Information durch §1 UWG und zum Exklusivvertrag über journalistische Informationen.«

Die Skepsis der Redaktion begann sich glücklicherweise bald zu legen, dafür regte sie sich aber bei Chefredakteur Dieter Schröder. Das hing mit den ersten Kommentaren des Kommentators »pra« zusammen. Der allererste trug den Titel »Der vermummte Kronzeuge« und war eine vernichtende Kritik am heiß diskutierten Vermummungsverbot und der geplanten Kronzeugenregelung. Vier Stunden Recherche in der juristischen Universitätsbibliothek und eine lange Nacht am Küchentisch habe ich damals gebraucht, um die vierundvierzig Zeilen zu schreiben. Und an diesem zeitlichen Aufwand hat sich lange nichts geändert.

Meinen Journalistenschülern in Hamburg und München erzähle ich ganz gern von dieser Plackerei und lasse sie dann das journalistische Ergebnis von damals, das trotz aller Anstrengung bisweilen mager war, zerlegen – weil man die eigenen Fehler den anderen am besten erklären kann. Wer für die Meinungsseite schreibt, der sollte eine eigene Meinung haben. Einem Juristen freilich, der das vorsichtige Abwägen gewohnt ist und der gelernt hat, dass es zu jedem Problem mindestens drei Meinungen gibt und eine jede als vertretbar gilt, dem fällt es nicht ganz leicht, klar und deutlich etwas ganz Bestimmtes zu meinen. Aber genau das war mein Ziel: Meinung nicht hinter Wortgeklingel und juristischem Formelkram zu verstecken.

Der Chefredakteur war von meinen ersten Werken verdutzt: Vom Staatsanwalt aus Regensburg hatte er sich ein flammendes Plädoyer für die genannten strafrechtlichen Neuheiten erwartet, also für die Kronzeugenregelung und Vermummungsverbot. Chefredakteur Schröder soll damals in der sogenannten Vorkonferenz der Ressortleiter, an der teilzunehmen ich erst ein paar Jahre später die Ehre hatte, etwas vom »Wolf im Schafspelz« gesagt haben. Wie es dann mit mir weiterging, konnte und kann man in der SZ nachlesen. Am Anfang waren die Juristen- und Anwaltstage für mich die Fixpunkte des Jahres, dann wurden es die Parteitage. Zu den rechtspolitischen Beiträgen kamen mehr und mehr die innenpolitischen Artikel. Es gilt als die hohe Schule des Kommentierens, einen Leitartikel über die Kanzlerschaft von Helmut Kohl, Gerhard Schröder oder Angela Merkel zu schreiben; dabei erfordert es gewiss nicht weniger Wissen, einen Kommentar über die Tücken des Strafprozesses, über Fehler bei einem polizeilichen Großeinsatz oder über das neue Aktienrecht verständlich hinzukriegen.

Wahrscheinlich wäre ich ein ganz anderer Journalistenmensch geworden, wenn ich nicht schon vor der *Süddeutschen Zeitung* in einem anderen Beruf recherchiert und kommentiert hätte; die staatsanwaltschaftlichen Ermittlungen sind durchaus eine besondere Form der Recherche und das richterliche Urteil ist durchaus so eine Art Kommentar. Die Jahre als

Richter und Staatsanwalt waren und sind prägend; sie machten und machen die Kommentare schärfer und sie geben die Sicherheit, zu dem zu stehen, was man schreibt. Gleichwohl: Manchmal habe ich Kollegen beneidet, die nie etwas anderes waren als Journalisten, weil das der Brillanz des Schreibens durchaus dienlich sein kann.

Die erste Recherche

Es gibt Kollegen, die journalistische Koryphäen als ihre ersten Lehrer bezeichnen dürfen. Ich durfte mit Maria Prantl lernen, sie war meine Oma, sie war meine Koryphäe und ihr Fach war das Briefeschreiben. Sie saß fast jeden Tag zwei Stunden am Tisch, tauchte die Feder in ein Fass mit schwarzer Tinte, füllte so Bogen um Bogen und kratzte Fehler mit einem scharfen Messer weg. Ihr »Bua« saß daneben und durfte nach jeder Seite das Löschpapier auflegen. Dreizehn von Omas vielen Kindern, alle also, mit einer Ausnahme, hatten den Krieg überlebt, und ich kannte bald die Anschriften der vielen Onkel, Tanten, Basen und Vettern auswendig. Gelegentlich kam geheimnisvolle Post aus Amerika: Großmutter hatte alle in die USA ausgewanderten Verwandten und Bekannten rebellisch gemacht, um das Grab ihres Sohnes, meines Onkels Oskar, ausfindig zu machen; dessen U-Boot war 1944 vor der amerikanischen Küste versenkt worden. Das war Großmutters Form der Recherche. Ich erfuhr also, an der Seite meiner Großmutter, die Faszination des Schreibens.

Mit fünfzehn fing ich an, Artikel für die drei Lokalzeitungen zu schreiben. Es gab anfangs nur acht

Pfennig pro Zeile, wenn man der einen Zeitung das Original und den anderen die Durchschläge gab, waren das immerhin vierundzwanzig Pfennig pro Zeile. Bald hatte ich zusammen mit meinem jüngeren Bruder, der konnte nämlich erstens Schreibmaschine schreiben und zweitens Fotos entwickeln, so etwas wie ein kleines Journalistenbüro aufgebaut. Wir lieferten, an die fünf Jahre lang, die Lokalnachrichten für Nittenau in der Oberpfalz. Das lief etwa so ab: Am Abend ging ich in die Feuerwehrversammlung, die Pfarrgemeinderatssitzung oder zum Schützenverein, und am nächsten Tag, nach der Schule, haben wir die Berichte fabriziert. Mein Bruder tippte, ich lief diktierend im Zimmer auf und ab. Erst nachher waren die Hausaufgaben dran. Die Redaktionen begannen uns höhere Aufgaben zuzutrauen und bestellten »Reportagen«: zum Beispiel über den Besuch des Schauspielers Kurt Raab bei seiner Mutter in Nittenau, die dort Zeitungsausträgerin war. Der Glamour der Faßbinder-Truppe wurde hier, in der Küche in der Brauhausstraße mit dem Ofenrohr quer durchs Zimmer, ganz schnell entzaubert. Oder über den siebzigsten Geburtstag des Malers Willi Ulfig. Beim Gespräch im Atelier stand ich zwischen dem Maler und seiner Lebensgefährtin. Und unter dem Bilde stand ein Text, mit dem mein Vater mich noch lange gefrotzelt hat. Da hieß es nämlich: »in der Mitte der Künstler«.

Das war Learning by Doing – und dass viel zu lernen war, das zeigen diese Artikel ganz gut. Später wurde meine journalistische Ausbildung professioneller: Parallel zum Studium der Rechtswissenschaften und der Geschichte zeigte mir das Institut zur Förderung publizistischen Nachwuchses (gegründet und finanziert von der Deutschen Bischofskonferenz) in Theorie und Praxis, wie man Journalismus macht, wenn man ihn richtig macht. Leiter dieses Ausbildungsinstituts war damals der Jesuitenpater Wolfgang Seibel, Chefredakteur der *Stimmen der Zeit*. Und der erinnerte sich dann wohl, Jahre später, als die *Süddeutsche Zeitung* einen Rechtspolitiker suchte, in einem Gespräch mit Hans Heigert an seinen Stipendiaten Heribert Prantl – womit wir wieder am Anfang wären: Sitzungspause bei der Großen Strafkammer, das Telefon läutet und es meldet sich Hans Heigert von der *Süddeutschen Zeitung*.

Diese Zeitung hat mir alle Freiheit zum Arbeiten gegeben. Ich habe nie Weisungen, inhaltliche Vorgaben, argumentative Direktiven erhalten, ein journalistisch-imperatives Mandat habe ich nie kennenlernen müssen. Ich habe in meinem Beruf als Journalist erfahren dürfen, was Pressefreiheit ist – am eigenen Schreibtisch, im eigenen Blatt, beim eigenen Schreiben. Pressefreiheit ist eine große Freiheit; und sie ist eine große Pflicht, eine Verpflichtung zur Anstrengung, zur Sorgfalt, zur Fairness.

Die Systemrelevanz der Zeitungen

Pressefreiheit. »Presse« in diesem Wort »Pressefreiheit« meint ja nicht nur die Zeitungen, sondern die Medien überhaupt. Als die Banken gerettet wurden, als der deutsche Staat über Nacht der kollabierenden Hypo Real Estate Milliardensäcke vor die Tür stellte (ähnliches geschah in anderen Ländern, auch in Österreich) – da lautete die Begründung für dieses Tun: Diese Banken sind systemrelevant. Das sollte heißen: Wenn sie zusammenbrechen, dann reißen sie noch viel mehr mit, dann sind die letzten Dinge schlimmer als die ersten. Deshalb hat der Staat ungeheuerlich viel Geld bezahlt und er hat für unvorstellbare Summen gebürgt. Banken sind systemrelevant.

Sind auch Zeitungen systemrelevant? Ja, Zeitungen sind systemrelevant, gedruckt und gesendet, analog und digital – und ich kann es beweisen. Die Zeitungen, die auf Papier und die online, sind noch systemrelevanter als die HRE-Bank, als die Deutsche und die Dresdner Bank, systemrelevanter als die Bank Austria und die Erste Bank. Sie sind sehr viel systemrelevanter als Opel und Arcandor. Die *Süddeutsche Zeitung* ist systemrelevant, die *FAZ* ist es, der *Spiegel*, die *Zeit*, die *Welt*, die *Presse*, der *Standard*, der *Falter* und die *taz*. Viele andere Zeitungen und Magazine sind es auch. Die *Passauer Neue Presse* ist systemrelevant und der *Schwarzwälder Bote*, die *Westdeutsche Allgemeine* ist systemrelevant, die *Südwest-Presse* und die *Salzburger Nachrichten*. Kleine Zeitungen sind so systemrelevant wie große. Denn das Gemeinwesen entwickelt sich von unten nach oben, es wächst vom Lokalen ins Regionale, ins Nationale und Internationale.

Zeitungen sind systemrelevant: Die Lokalzeitung ist genauso systemrelevant wie die nationale Zeitung. Sicherlich: Die Bezugssysteme, in denen die kleine und in denen die große Zeitung wichtig ist, sind verschieden. Die Lokal- und Regionalzeitung ist für die Kommune und die Region wichtig, das National Paper ist wichtig für das ganze Land – für Information, für Diskussion, für Diskussionskultur. Zumal die Lokal- und Regionalzeitung das Medium ist, das die Menschen mit ihrer Heimat verbindet. Natürlich: Eine Lokalzeitung kann nicht, wie die *Süddeutsche* oder die *FAZ*, mit gewaltiger Auflage auftrumpfen. Man kann die Regional- und Lokalzeitung natürlich nicht in Frankfurt und Hamburg, in Berlin, in Rom und in Paris am Kiosk oder in Istanbul am Flughafen kaufen. Solche Ubiquität ist auch nicht Sinn einer Lokalzeitung. Ihr Sinn ist etwas anderes: Sie ist das Gesicht ihrer Heimat.

Das tägliche Brot der Demokratie

Der Journalismus ist systemrelevant; Zeitungen, große und kleine, gedruckt und gesendet, sind systemrelevant. Der Beweis für die Systemrelevanz der Presse ist hundertachtzig Jahre alt, er beginnt 1832 und er dauert bis heute. Er ergibt sich aus der Gesamtgeschichte der Demokratie in Österreich und Deutschland. Die Geschichte der Demokratie beginnt 1832 auf dem Hambacher Schloss, bei der ersten deutschen Großdemonstration. Ihr Hauptorganisator war unser journalistischer Urahn Phillipp Jakob Siebenpfeiffer, von dem ich schon in meiner ersten Vorlesung gesprochen hatte, geboren im Revolutionsjahr 1789. Als die Regierung seine Druckerpresse versiegelte, verklagte er sie mit dem Argument: Das Versiegeln von Druckerpressen sei genauso verfassungswidrig wie das Versiegeln von Backöfen. Das ist ein wunderbarer Satz, weil darin die Erkenntnis steckt, dass Pressefreiheit das tägliche Brot für die Demokratie ist.

Eine Zeitung ist eben etwas anderes als eine Schraubenfabrik. Sie ist etwas anderes als ein normaler Gewerbebetrieb. Sie wird meist noch gedruckt, aber eine Zeitung ist – zum Bedauern eines herzhaften Verlegers vielleicht – auch etwas anderes als eine Gelddruckmaschine. Sie ist, um das schöne Wort noch mal aufzugreifen, die Bäckerei der Demokratie. Das gilt im Kleinen wie im Großen, das gilt für die Lokalzeitungen, für die Regionalzeitungen und für die überregionalen Zeitungen. Sie unterscheiden sich nur der Größe nach, nach der Menge der Brote und Brötchen, die dort gebacken und der Zahl der Verkaufsstellen, in der diese verkauft werden – aber nicht in den Rezepten, nicht in den Prinzipien, nicht in der Wichtigkeit für eine größere oder kleinere Zahl von Menschen. Zeitungen backen das tägliche Brot der Demokratie.

Der hobelnde Indiskretionsjournalismus

Pressefreiheit – wozu ist sie da? Vor einem guten Jahr wurde in Deutschland heftig darüber diskutiert, dass Journalisten die Privat- und Intimsphäre von Politikern ausspioniert hatten. Es ging um die privaten Verhältnisse der Politiker Seehofer, Müntefering und Lafontaine. Horst Seehofer, der bayerische Ministerpräsident und CSU-Vorsitzende, hatte in einer außerehelichen Affäre ein Kind gezeugt. Oskar Lafontaine wurde eine Affäre mit einer ebenso linken wie schönen Abgeordneten nachgesagt. Und der frühere SPD-Chef Franz Müntefering war, einige Zeit nach dem Tod seiner Frau, die er lange gepflegt hatte, mit einer jungen Genossin zusammengezogen – was in einschlägigen bunten Blättern heftig Aufsehen erregte. Man spionierte ihm und der jungen Frau in Briefkästen und unter dem Fußabstreifer der Wohnungstür nach. Ein buntes Blatt hatte für sehr viel Geld eine Agentur angeheuert, die diesen Politikern dann in privatdetektivischer Manier nachstieg. Welche Methoden dabei zum Einsatz kamen, blieb unklar. Tatsache war jedenfalls, dass das bunte Blatt mit dubiosen Recherchen im Privatleben von Politikern nicht seine eigenen Journalisten, sondern einen »externen Dienstleister« eingesetzt hat, eine »Foto- und Presseagentur«. Das Drecksgeschäft war also ausgelagert worden.

Das ist per se fragwürdig, weil dies offenbar den Sinn hatte, die Verantwortung für die Art und Weise der Recherche auszulagern. Es sitzt quasi Pontius Pilatus in der Chefredaktion des bunten Blattes – und wäscht die Hände in Unschuld; von »unseriösen Recherchemethoden« der beauftragten Agentur habe man nichts gewusst. Das Motto lautet: Was ich nicht weiß, macht mich nicht heiß – mich interessieren nur die hoffentlich positiven Ergebnisse. »Im Fall Lafontaine«, so erklärt das Blatt, sei der Rechercheauftrag sogar zurückgezogen worden, »weil sich die Hinweise zu diesem Zeitpunkt nicht verifizieren ließen.« Bis dahin hatte man aber viel Geld investiert, um an Hinweise zu gelangen. Diese Hinweise dienen häufig dazu, den Betroffenen zu bewegen, seine intimen Bekenntnisse freiwillig bei der Redaktion abzuliefern.

»Zeitungen sind ein Nebenprodukt der holzverarbeitenden Industrie«, hat Willy Brandt einmal boshaft gesagt. Wenn man in diesem Bild bleibt, dann sind die Spitzeleien die Späne, die bei der Holzverarbeitung anfallen. So ähnlich lauten auch die Rechtfertigungsversuche für den hobelnden Indiskretionsjournalismus. Für solchen Journalismus ist das Grundrecht der Pressefreiheit eigentlich nicht geschaffen worden. Es ist freilich schwierig, die Grenzen zu ziehen. Wenn Recherchen, die nahe an der Grenze zur Rechtsverletzung liegen, ausgelagert werden, ist die Redaktion auch für das externe Handeln verantwortlich. Das Recht lässt sich nämlich mit Methoden des journalistischen Söldnertums nicht verdünnen. Pressefreiheit ist keine Ausrede für gewerbsmäßige Verletzung der Persönlichkeitsrechte.

Mohammed und die Pressefreiheit

Über die Grenzen der Pressefreiheit war auch schon 2006 in einem ganz anderen Zusammenhang europaweit debattiert worden: Damals ging es um die Mohammed-Karikaturen: Von einem Tag auf den anderen war damals aus einem vermeintlich langweiligen wieder ein spannendes Grundrecht geworden. Wen und was schützt die Pressefreiheit? Darf sie Unfrieden stiften, Aufruhr gar? Soll ein Zensor, der Staatsanwalt und das Strafgericht eingreifen, wenn hundert, tausend oder Millionen Muslime sich und ihre Religion herabgesetzt wähnen? Soll ein Presserat die Mohammed-Karikatur aus dem Verkehr ziehen? Soll man der Pressefreiheit Zügel anlegen und den Karikaturisten so Mores lehren?

Die Pressefreiheit ist ein großer Strom – wie der Rhein, die Donau oder der Nil. Nicht alles, was dort schwimmt, ist sauber, und nicht alles, was da treibt, ist kostbar. Die Pressefreiheit trägt wertvolle und wertlose Artikel, sie trägt anständige und anstößige Fotos, sie erträgt langweilige und provozierende Karikaturen. Pressefreiheit unterscheidet nicht nach Qualität, sie darf es nicht, weil sonst der, der über die Qualität urteilt, nach seinem Gusto den Schutz der Pressefreiheit gewähren und entziehen könnte. Pressefreiheit wäre kein Grundrecht, sondern Gnadenrecht, abhängig vom Geschmacksurteil. Pressefreiheit funktioniert also nicht nach dem Prinzip, mit dem Aschenputtel die Linsen sortiert hat: Die guten ins Töpfchen, die schlechten ins Kröpfchen. Wer Pressefreiheit unter den Vorbehalt politischer oder künstlerischer Qualität stellen will, macht sie kaputt.

Gleichwohl stimmt, dass keine Freiheit grenzenlos ist. Die juristischen Grenzen der Pressefreiheit setzt nicht der Takt, sondern das Recht – das Strafrecht, das Zivilrecht, das Presserecht. Gleichwohl gibt es Grauzonen. Ist es denn Pressefreiheit, wenn Zeitungen sich darüber auslassen, ob sich der Kanzler die Haare färbt? Ist es Pressefreiheit, wenn sie über das Ehe- und Privatleben eines Politikers und über angebliche private Affären schreiben? Ist es Pressefreiheit, wenn sich Presse, Rundfunk und Fernsehen zum Schoßhund der Mächtigen machen? Wenn sie als Lautsprecher funktionieren? Oder wenn sie den Leuten die Botschaften glauben machten, die ihnen seinerzeit die Herren der Administration Bush junior verkündeten, dass Saddam weg müsse, koste es was es wolle, weil er Atomwaffen und sonstige gefährlichste Massenvernichtungswaffen horte?

Das Grundsätzliche sollte das Hauptthema der Medien sein, zumindest ein wichtiges Thema, aber sehr oft geht es in den Medien eher um das Inszenatorische. Aber auch der politische Journalismus schaut oft so ähnlich aus wie eine Theaterkritik. Denken wir nur daran, wie heutzutage oft über Parteitage berichtet wird: als handelte es sich um eine Art Varieté. Aber die Politik darf sich darüber gewiss nicht beklagen. Sie legt es darauf an, sie will es so. Und sie beklagt es nur ausnahmsweise, dann nämlich, wenn es ihr nicht passt, wenn es ihr also nicht nutzt. Pressefreiheit verpflichtet – dazu, den Dingen auf den Grund zu gehen, sich nicht mit der Oberfläche zu begnügen.

Politischer Paparazzismus

Das Sprichwort sagt: Wer sich in Gefahr begibt, der kommt drin um. Ist das eine Entschuldigung für die Zeitungen, die eine angebliche Ehekrise eines Ministers abhandeln? Ist die Öffentlichkeit, in die sich jeder Spitzenpolitiker begibt, eine Gefahr, in der der Schutz seiner Privat- und Intimsphäre zwangsläufig umkommt? Muss sich einer, der im Licht der Öffentlichkeit steht, von der Medienöffentlichkeit alles gefallen lassen? Muss er sich gefallen lassen, dass Gerüchte über ihn verbreitet werden? Muss er es sich vielleicht schon deshalb gefallen lassen, weil er, wenn er sich dagegen wehrt, diese Gerüchte nur noch weiter publik macht? Ist der komplette Verlust der Intimsphäre Preis der Politik? Gehört zum Preis, den Spitzenpolitiker zahlen müssen, dass andere mit Geschwätz über ihn Geschäfte machen?

Natürlich kann sich ein Spitzenpolitiker wehren, natürlich hat auch ein Spitzenpolitiker ein Recht auf Privat- und Intimsphäre, natürlich gilt der Schutz der Menschenwürde auch für einen Spitzenpolitiker. Auch die Würde eines Politikers ist unantastbar. Aber was bringt so ein Satz, wenn ein Politiker im Versuch sich zu wehren, das Gerücht, das er unterbinden will, nur noch weiter ausbreitet? Was bringt so ein Satz, wenn dann nicht nur drei oder vier Zeitungen das Gerücht verbreiten, sondern ein paar Hundert Zeitungen, Radio- oder Fernsehsender melden, dass sich der Kanzler oder der Ministerpräsident gegen ein Gerücht wehrt und dabei jede dieser zwanzig, vierzig oder hundert Zeitungen – genüsslich oder nicht – dieses Gerücht vermelden?

Über den früheren französischen Staatspräsidenten François Mitterrand wurden die unglaublichsten Gerüchte verbreitet: Frauengeschichten, Korruptionsgeschichten, nichts Kriminelles wie bei Dominique Strauß-Kahn, aber Pikantes, Süffisantes. Er hat sich nie dagegen gewehrt, er hat nie etwas dagegen unternommen. Er wusste wohl auch warum. Ein guter Teil der Geschichten hat gestimmt. Mitterrand genoss einen schillernden Ruf, er war ein Jongleur, und die französische Öffentlichkeit hat das akzeptiert und respektvoll beschmunzelt. In Deutschland ist das anders. Es ist nicht zuletzt anders geworden, weil deutsche Politiker, der seinerzeitige Bundeskanzler Gerhard Schröder zumal, ihr Privatleben sehr bewusst öffentlich gemacht haben. Sie haben anders als ein Mitterrand mit ihrem Privatleben für ihre Politik geworben. Das hat Schröder als Ministerpräsident mit seiner damaligen Ehefrau gemacht, das machte er als Bundeskanzlerkandidat und als Bundeskanzler mit seiner neuen Ehefrau. Das heißt: Er politisiert seine Ehe. Das macht ihn rechtlich nicht schutzlos. Aber es macht ihn auf perfide Weise angreifbar, weil Schlüssellochgucker so tun können, als wäre ihr Voyeurismus ein Bestandteil der notwendigen Politikbeobachtung und daher von der Pressefreiheit geschützt. Das ist natürlich Unsinn. Aber solch ein Unsinn kommt nicht von ungefähr.

Es gibt – um diese Beobachtungen zu generalisieren – merkwürdige Symbiosen zwischen einer öffentlichen Figur und den Medien, Symbiosen, die allmählich auch in der Politik Einzug halten. Ein besonders tragischer Fall, und damit lenke ich erst mal auf ein anderes Gleis, einer solchen Symbiose zwischen einer öffentlichen Figur und den Medien war der Fall der englischen Prinzessin Diana. Er zeigte, wohin im Extremfall eine solche Symbiose führen kann: zum tödlichen Crash. Wie sah im Fall Diana die Symbiose öffentliche Figur/Medien aus? Diana entwickelte im Lauf der Zeit ein Geschick dafür, Bilder von sich zu entwerfen, die sie so zeigten, wie die Leute sie sehen sollten. Der Ressortleiter einer großen britischen Zeitung hat einmal erzählt, wie Diana das berühmte Bild arrangiert hat, das sie liebeskrank vor dem weltweit größten Denkmal der Liebe zeigte, dem Tadsch Mahal. Sie wusste genau, wie die Öffentlichkeit dieses Bild lesen wird. Dieses Bild brachte ihr dann, das war in der Zeit ihrer großen Ehekrise, große Sympathien ein und veranlasste das Publikum, Prinz Charles noch weniger zu mögen als vorher. Dieses Bild der Diana vor dem Tadsch Mahal war zusammen mit vielen anderen Bildern eines, das die virtuelle Figur Diana erzeugt hat. Eine Figur, die mit der realen Figur Diana nichts mehr oder jedenfalls nicht mehr viel zu tun hatte. Man kann Parallelen ziehen zu der Art und Weise, wie sich wichtige Politiker in der Öffentlichkeit darstellen.

Jetzt komme ich zur Wechselwirkung zwischen der Person des öffentlichen Interesses und den Medien. Diana hat ihre verhasste Rolle als Frau an der Seite von Charles nur aufgeben können, indem sie aller Welt kundgetan hat, wie er und sie immer wieder gegen ihre Rollen verstoßen haben. Das heißt also: Sie hat die Medien und die Öffentlichkeit zum Komplizen ihres Privatlebens gemacht. Diese Öffnung des Privatlebens zwecks geschönter Darstellung der Wirklichkeit hatte aber zur Folge, dass der Komplize (die Öffentlichkeit und ihre vermeintlichen Handlanger, die Boulevardjournalisten) ständig neue Neuigkeiten eingefordert haben. Das heißt also: Diana benutzte die Medien, und die Medien benutzten sie. Jetzt bin ich bei der Wechselwirkung, die ich ansatzweise auch im politischen Bereich sehe. Und diese Spirale zog sich in diesem Fall immer enger und immer enger, und dieser Strudel drehte sich immer schneller und immer gefährlicher. Solche Entwicklungen gibt es auch in der Vermarktung von Politik. Es entwickelt sich deshalb eine Art politischer Paparazzismus. Mit juristischen Mitteln erreicht man bei dem Versuch, es wieder einzudämmen, wenig. Besser ist es, den Anfängen zu wehren, das bedeutet: Politiker sollten sich bei der Demonstration von Privatheit zu politischen Zwecken zurückhalten.

Die blaue Blume des Rechtsstaats

Auch die seriöse Presse verzettelt sich so oft in Kleinkram: Wer an die Personality-Geschwätzigkeiten, wer an die echten oder vermeintlichen Kleinskandale von Politikern, an die Miles-and-More-Affären, an dienstlich abgerechnete Friseurbelege und ähnlichen Kram denkt, der in der Medienöffentlichkeit wie eine Staatsaffäre behandelt wird – auch der mag sich fragen, wozu und zu welchem Ende dient die Pressefreiheit? Darauf gibt uns wie so oft im Leben das Bundesverfassungsgericht die verbindliche und die rechtskräftige Auskunft. Eine freie, nicht von der öffentlichen Gewalt gelenkte, keiner Zensur unterworfene Presse sei ein Wesenselement des freien Staates, schrieb das Bundesverfassungsgericht 1965. Die Presse sei ein ständiges Verbindungs- und Kontrollorgan zwischen dem Volk und seinen gewählten Vertretern in Parlament und Regierung. Pressefreiheit, das schwingt in diesen Karlsruher Sätzen mit, war einst ein demokratisches Zauberwort. Was die blaue Blume für die romantische Literatur war, das war vor hundertachtzig Jahren für die ersten deutschen Demokraten des Hambacher Festes die Pressefreiheit. Sie, die Pressefreiheit, war der Inbegriff der Aufklärung, der Inbegriff für Kritik, sie war ein Synonym für den Kampf gegen die alte Ordnung.

Heute ist die Pressefreiheit eher ein einbalsamiertes Grundrecht. Manchmal geschieht ein Wunder, dann wird die Pressefreiheit gefährlich lebendig. Dann rückt sie den Mächtigen nahe, dann entdeckt sie einen wirklichen Skandal. Das ist nicht der Alltag. Es wird viel über die Personalisierung der Politik geklagt. Darüber also, dass die Medien sich in die Beschreibung von Äußerlichkeiten flüchten. Vielleicht ist dies tatsächlich eine Flucht, eine Flucht vor der Komplexität der echten Probleme, eine Flucht vor der Globalisierung, vor den Problemen der EU und des Euro, vor der Unüberschaubarkeit der Schwierigkeiten der sozialen Sicherungssysteme, eine Flucht vor all diesen Großthemen, die schon für die Fachleute heute kaum noch überschaubar sind. Da wird dann das Persönliche zur Erholung, und dann wächst das Verlangen, das Komplexe, auch das Schwierige, wenn überhaupt, dann mit dem Schokoladenüberzug des Persönlichen serviert zu bekommen. Manchmal ist der Schokoladenüberzug aus Zartbitter. Aber: Pressefreiheit ist nicht zur Erholung da und nicht dafür, die Lust auf Schokolade zu befriedigen.

Die Aufdeckung von Korruptions- und Parteispendenskandalen zeigt auch mir immer wieder etwas, an das ich manchmal schon nicht mehr richtig zu glauben gewagt hatte: die Aufklärungs- und die Aufdeckungsmacht der Presse, ihre auch im Vergleich zur Strafjustiz, die ich aus meiner früheren Tätigkeit ganz gut kenne, auf dem Feld der Politik überlegene

Aufdeckungskompetenz. Welcher der großen politischen Skandale der Bundesrepublik ist strafrechtlich wirklich aufgearbeitet worden? Ob bei der sogenannten *Spiegel*-Affäre im Jahr 1962, ob bei der Spielbankenaffäre von 1959, bei der der damalige CSU-Generalsekretär und nachmalige Bundesinnenminister Friedrich Zimmermann einen Falscheid schwor, ob beim sogenannten Celler Loch – keiner der Akteure, Planer und mitwissenden Profiteure wurde je dafür zur Rechenschaft gezogen. Welche strafrechtlichen Konsequenzen wurden eigentlich aus dem Fall Barschel gezogen? Es gab ein Verfahren gegen den Journalisten, der ins Genfer Hotelzimmer eingedrungen war, in dem der tote Ministerpräsident in der Badewanne lag; wegen Hausfriedensbruch wurde der Journalist bestraft. Und was ist mit denen passiert, die im schleswig-holsteinischen Gemeinwesen, im Haus der Verfassung, gehaust haben? Wenig, nichts. Nur bei den diversen Parteispendenaffären wurden prominente Politiker mit den Instrumenten des Strafrechts etwas gepiekt.

Ich sage das nicht, um von unlauterem Journalismus, um von unguten Fällen von Vorverurteilung und Verdachtsberichterstattung abzulenken, die es auch gibt, sondern um den Wert und die Notwendigkeit von investigativem Journalismus zu betonen – einem Journalismus, für den etwa mein Freund Hans Leyendecker steht. Nicht der Skandal, nicht die Krise ist wirklich gefährlich. Gefährlich ist das Scheitern der Bewältigung von Skandal und Krise. Hier hat die Presse ihre Aufgabe: Moderator und Motor für Veränderungen zu sein. Das ist vielleicht noch wichtiger als das Aufdecken. Das ist Pressefreiheit.

Ich sagte schon: Die politischen Skandale mit strafrechtlichem Einschlag sind nicht wirklich gefährlich. Gefährlich für die Demokratie wäre das Scheitern ihrer Bewältigung. Die großen Skandale sind ja immerhin ein Beleg dafür, dass das Kehren unter den Teppich nicht so leicht und jedenfalls nicht auf Dauer gelingt. Gefährlich wird es aber dann, wenn man aus der Krise wieder so herausgeht, wie man in sie hineingegangen ist. Bei der Aufdeckung und Aufbereitung von Parteispenden- und Korruptionsskandalen hat die Presse ihre Aufgabe exemplarisch und gut erfüllt. Wenn so etwas gelingt, dann sind das Sternstunden. Die Sternstunden sind aber nicht der Alltag. Im Alltag gab und gibt es Gefährdungen, die auch dem seriösen Journalismus drohen. Es gab in Bonn und es gibt jetzt in Berlin, und dort noch schlimmer, viel schlimmer als in der alten Hauptstadt, ein inzüchtiges System zwischen Politik und Journalismus. Es existiert eine Art Symbiose von Presse und Politik – in Wien und in Berlin. Es gibt, ich denke, man muss es so sagen, es gibt subtile Formen des Gebens und Nehmens. Und dabei gelten besondere Gesetze. Wer als Journalist große Nähe zur Politik schafft, der zensiert sich möglicherweise selbst. Wer zu große Distanz schafft, der erfährt nichts.

Die Exklusiveritis und die Lust am Krakeelen

Das Problem ist wirklich nicht neu, es ist alt. Die ergrauten Kollegen erinnern sich an Herbert Wehners Morgenandachten mit Journalisten oder an die berühmten Teegespräche bei Konrad Adenauer. Das, hat der Kanzler Adenauer dann auch schon mal befohlen, das will ich aber morgen nicht in der Zeitung lesen. Einen derartigen Wunsch zu äußern, war sicherlich sein gutes Recht, wie es auch das Recht der Teilnehmer gewesen ist, hinzugehen oder fernzubleiben. Die Frage, die im Wien von heute oder im Berlin von heute noch die nämliche ist wie im Bonn von 1960 oder im Wien von 1960: Darf es sich ein Journalist in der Bundeshauptstadt, der etwas gelten und einiges leisten will, erlauben, an Hintergrundgesprächen, die ja zuweilen auch der Knebelung von Informationen dienen, nicht teilzunehmen – damals bei Adenauer und Wehner, bei Kreisky und Kirchschläger, heute bei Merkel oder Gabriel, bei Faymann oder Fekter?

Das Vertrackte für politische Journalisten ist, dass sie die Nähe zur Politik suchen und zugleich Distanz von ihr halten müssen. Je näher man den entscheidenden Leuten ist, desto besser weiß man Bescheid. Aber man ist ihnen nur nah und man weiß nur dann gut Bescheid, solange die Gesprächspartner darauf vertrauen können, nicht ungebührlich ausgenutzt zu werden. Geschwätzigkeiten, Durchstechereien und das Aufblasen von Kleinigkeiten, das hat es schon immer gegeben. Eindeutig aber hat die symbiotische, manchmal von beiden Seiten parasitäre Beziehung zwischen Politik und Medien seit etwa zehn, fünfzehn Jahren eine neue Dimension angenommen. In Deutschland hat dies in erster Linie mit Berlin zu tun, mit der dortig gewaltig gewachsenen Journalistenzahl – und im Übrigen, in Deutschland wie in Wien, mit den neuen Medien. Dazu kommt: Die Differenzen in Koalition und Kabinett werden bisweilen so sehr auf dem offenen Markt ausgetragen, dass sich die Kompetenz vieler Korrespondenten beim Aufspüren der Streitpunkte auf die Fähigkeit der Bedienung eines Telefons beschränken kann.

Auf der Seite der Medien kommen, das muss man ganz selbstkritisch sagen, zwei Krankheiten hinzu: erstens die Exklusiveritis und zweitens die Lust am Krakeelen. Zu Krankheit Nummer eins, der Exklusiveritis. In Radio, Fernsehen und Printmedien gilt heute eine Meldung, die kein anderer hat, in der Regel sehr viel mehr als ein abwägendes und erklärendes Stück. Weil die Zahl der Exklusivgeschichten aber naturgemäß begrenzt ist, führt dies zu einer besonderen Art von journalistischer Kreativität, die politische Streitigkeiten durch ein paar Anrufe bei Politikern selbst provoziert oder aber Kleinigkeiten maßlos aufbläht.

»Niemand fordert von der Politik, dass sie in sich folgerichtig ist. Widersprüche der Politik sind ohne Weiteres zu ertragen. Die Politik verkündet den Frieden und führt dann Krieg, sie erklärt den Krieg, schließt dann aber alsbald Frieden. Sie kämpft mit Macht für eine Sache, der sie anschließend wieder den Rücken kehrt. Erst unterstützt sie bestimmte Rechtspositionen, anschließend hilft sie bei deren Zerstörung mit. Man fällt mit Soldaten in ein Gebiet ein, um es zu erobern. Danach macht man sich wieder aus dem Staub, angeblich um der Rechte der Einwohner willen. Man schließt Freundschaft mit einem anderen Staat und kündigt sie wieder auf. Oder man wird Mitglied eines Bündnisses, das man dann wieder verlässt, um später erneut beizutreten. All das ist Politik und zwar gute, so gut zumindest wie die menschliche Schwäche es erträgt.« Das Zitat, meine sehr verehrten Damen und Herren, kann schon deswegen kein Kommentar zur aktuellen Regierungspolitik sein, weil diese Regierung keine Kommentare bekommt, in denen das Wort gute Politik vorkommt.

Dieses Zitat ist tatsächlich schon etwas älter, es

stammt von Maurice Joly, einem französischen Anwalt, Volksredner und Journalisten, der im Jahr 1867 das »Handbuch des Aufsteigers« verfasst hat. Seine Sicht der Politik ist ziemlich illusionslos. Und wie kommt es, dass Politiker angeblich so konsequent inkonsequent sein können? Oder stimmt das vielleicht heute nicht mehr? Maurice Joly verweist zur Begründung auf den natürlichen Hang der Menschen, all das zu vergessen, was einmal abgeschlossen ist, seien es nun Versprechungen oder Taten. Er behauptet, Pest, Hungersnot, Bankrott und Epidemien hinterlassen in der Erinnerung von einem Tag auf den anderen keine Spur. Und damit, so sagt er, rechnet die Politik. Sie kalkuliert die Schwächen, die Leidenschaften, die Vorurteile und die Irrtümer mit ein. Und wenn Joly, im Jahr 1867 wohlgemerkt, diese politischen Fertigkeiten beschreibt, dann ist man erst einmal verdutzt, weil man den Eindruck haben könnte, dass das unabhängig von Zeitläufen, von Staats- und Regierungsformen Gültigkeit haben könnte. Es ist, so sagt er über die Politik und über Wahlen, wie bei der Jagd, wo man die Tiere immer mit derselben Falle fängt, vorausgesetzt sie ist leidlich gut aufgestellt.

Ist die Politik also das Terrain für Finten und Fallen, die man erfolgreich immer und immer wieder anwenden kann? Ist die Vergesslichkeit der Menschen wirklich so groß, wie Joly das behauptet? Und wenn der Tag der Wahl gern als der Tag der Wahrheit bezeichnet wird, was ist dann eigentlich mit den Tagen, Wochen und Monaten vorher und nachher? Meine erste These lautet: Der Mensch ist, da hat Maurice Joly recht, empfänglich für allerlei Versprechungen, und er ist zugleich ziemlich vergesslich. Er war aber noch nie so vergesslich wie heute, weil sich, die Medien sind schuld daran, noch nie so viele Eindrücke in so rascher Folge aufeinandergelegt haben. Die Bewertung einer Legislaturperiode gerät deswegen fast zu einer archäologischen Aufgabe. Wer die politischen Zeitläufe der letzten Jahre betrachtet, der konstatiert so etwas wie eine Videoclipisierung der Politik. Die Sequenzen werden immer kürzer und immer hektischer. Die Parteien versuchen, den Clip, der dem Gegner schadet, anzuhalten und zu wiederholen, um so seine Wirkung nachhaltig zu steigern. Diesem Zweck, den Videoclip anzuhalten, dienen parlamentarische Untersuchungsausschüsse. Sie dienen der Perpetuierung des vermeintlichen oder echten Skandals beim politischen Gegner.

These zwei lautet: Der herkömmliche Wahlkampf mit seinen Inszenierungsspektakeln garantiert keine Erfolge mehr. Diese Art des Wahlkampfs ist ausgereizt. Über diesen herkömmlichen Wahlkampf hat Rainer Barzel, CDU-Vorsitzender und Kanzlerkandidat vor Helmut Kohl, einmal gesagt, wenn einer im Wahlkampf zu schimpfen hat, sind es die Wähler, nicht die Politiker. Die Realität ist freilich anders, es schimpfen die Politiker, sie beschimpfen sich gegenseitig und eine Partei spricht der anderen die Regierungsfähigkeit ab. So kommt es, dass der Wahlkampf landläufig entweder als politischer Klamauk abgetan oder als unanständige Verrichtung beschimpft wird. Der Vorgang, den das Wort Wahlkampf beschreibt, gilt zwar in regelmäßigen Abständen als notwendig, aber doch als eher schmutzig. In den Zeiten, in denen die meisten Wähler noch Stammwähler waren, konnte man diese mit Gebrüll gegen den politischen Gegner noch unterhalten und bei der Stange halten. In diesen alten Zeiten gelang es auch noch, Sympathisanten mit Wahlgeschenken, also für einen Apfel und ein Ei, gewogen zu halten. Auch das ist vorbei. Der alte Klamauk taugt nicht mehr, er garantiert keine Erfolge mehr, selbst wenn er besonders effektvoll für die Medien inszeniert wird.

These drei heißt: Es ist auch außerhalb von Wahlkämpfen eine Exzessivität der politischen Auseinandersetzung zu konstatieren, es gibt eine zunehmende Neigung zur Herabsetzung des politischen Gegners und zur superlativistischen Verdammung gegnerischer Politik.

These vier lautet: Die politische Großsprecherei, die Nassforschheit, der negativistische Superlativismus in der Auseinandersetzung korreliert mit der Wiederkehr des Grundsätzlichen in der Politik. Auf zahlreichen Feldern der Politik – Gesundheit, Rente, Steuern, Europa – sind fundamentale, grundsätzliche Entscheidungen zu treffen. Es geht um den Abschied von den gewohnten und um den Aufbau von neuen Systemen. Die Scheu vor der Kraftanstrengung, die das erfordert, lässt sich eine Zeit lang durch Polterei und Kraftmeierei kaschieren. Das heißt: Eine zu beklagende Rabaukenhaftigkeit im Ton der politischen Auseinandersetzung könnte auch Flucht und Ausdruck der Flucht vor harter Sacharbeit sein.

These fünf: Die Aufgeregtheit und die Hysterie der politischen Szene könnten auch damit zu tun haben, und jetzt bin ich wieder bei meinem Urthema Politik und Medien, dass die Medien sie erst schüren und dann in der Darstellung auch noch übertreiben. Der Drang oder die vermeintlichen Notwendigkeiten, Meldungen fortzuschreiben und weiterzutreiben, führt zu bekannten Nachrichten nach dem Muster »Streit verschärft sich«, »Streit spitzt sich zu«. Dabei ist die Zuspitzung nicht selten die eigene Leistung des diese Zuspitzung meldenden Organs.

Aber sehen wir einmal von den beiden neuen Berliner journalistischen Krankheiten ab, die ich angesprochen habe, diese Exklusiveritis und die Lust am Krakeelen, blicken wir auf die Funktionsweise moderner Medien. Medien arbeiten wie Mikroskope. Wir schauen mit immer größeren und mit immer mehr Mikroskopen auf die Politik und auf die Politiker. Das Auf und Ab eines Gesetzgebungsgangs, der ganz normale politische Wellenschlag wird auf diese Weise vergrößert und verzerrt. Aus dem normalen Wellenschlag wird eine tobende See. Aus einer ganz normalen Diskussion wird ein Streit, aus dem Hin und Her der Beratungen wird ein Gezerre, aus dem Gezerre wird ein Chaos. Die kleinen Bewegungen des politischen Betriebs werden zu großen Ausschlägen. Das Publikum verliert den Überblick. Es ist so ähnlich, als würde man bei einem Puzzle mit zehntausend Teilen ein paar einzelne Puzzlestücke ungeheuer genau betrachten und vergrößern. Der Wähler kann sie nicht mehr einsortieren in den Kontext. Er sieht das Bild nicht mehr. Das ist ein genereller Befund über den Einfluss von Medien auf die Wahrnehmung von Politik.

Neu ist, dass die politische Kraftrhetorik, wie sie früher im Wahlkampf und bei einzelnen Parlamentsdebatten üblich war, in jüngerer Zeit zur politischen Alltagssprache geworden ist. Der Vorwurf der Lüge oder der des Betrugs wird nicht nur wie früher im außerparlamentarischen, sondern jetzt auch im parlamentarischen Raum so inflationär verwendet, dass er in berechtigten Fällen seinen Wert verliert.

Verbale Abrüstung

Das hat Einfluss auch auf die Art und Weise, wie sich Bürgerinnen und Bürger mit der Politik auseinandersetzen. Der Cantus firmus in Leserbriefen und Postings wird giftig, oft auch bösartig und pöbelnd, nicht selten sogar in der Einleitung von Briefen, die dann durchaus sorgfältig argumentierend fortfahren. Es greift, so mein Eindruck, eine aggressive Unduldsamkeit um sich, für die die angeblich oder echt düstere Gesamtlage die vermeintliche Rechtfertigung bildet. Je schwärzer die Lage gemalt wird, umso maßloser darf man sein. Es handelt sich um Anzeichen eines Niedergangs der politischen Kultur, der vielleicht gefährlicher werden könnte als die schwierige Wirtschaftslage. Man kann das mit Ironie und Zynismus betrachten, wie das der schon zitierte Maurice Joly getan hat. Der hat 1867 festgestellt, dass man sich Parteien in einem Staat als bewaffnete Clans oder Stämme vorstellen muss, die zur Eroberung der Macht ausziehen. Eine sehr demokratische Vorstellung ist das freilich nicht. Es kann einem dazu auch Wilhelm Busch einfallen: Aber wehe, wehe, wehe, wenn ich auf das Ende sehe. So steht das in Max und Moritz, und das Ende ist bekanntlich gar nicht heiter. Im siebten Streich landen die beiden in der Mühle, fein geschrotet und in Stücken. So möchte man die politische Kultur in Deutschland und Österreich eigentlich nicht erblicken. Es ist also Zeit für eine Art Entgiftung der Politik, Zeit für verbale Abrüstung zu der sowohl die Medien als auch die Politik beitragen müssten.

Damit sind wir wieder bei unserem Thema Politik und Medien. Eine Zeit lang war es modern, dass Parteitage mit einer Presseschelte eröffnet wurden. Es hat auch einen Parteivorsitzenden gegeben, der oft vom

»Schweinejournalismus« sprach. Ein anderer Parteivorsitzender hat oft darauf hingewiesen, dass er ein großes Nachrichtenmagazin vollkommen ignoriere. Es schrieb halt nicht so, wie er es gerne gehabt hätte. Gegen die Pauschalurteile über die Medien möchte ich hier gar nicht anreden, aber ich möchte ein Wort sagen zu den landläufigen und mediengeschürten Pauschalurteilen über Politiker, weil sich meine oder unsere Branche an die Brust klopfen muss.

Raffgierig seien sie, die Politiker, heißt es da, unfähig, ein Raffkartell. Das Pauschalurteil ist auf gefährliche Weise falsch, auch wenn jeder in jeder Partei Beispiele, auf die er sich stützt, kennt. Und beinahe täglich kann man sich das Urteil vermeintlich bestätigen lassen. Lässliche Sünden und kleines Fehlverhalten werden zusammengerührt mit den echten Skandalen, die die Republik zu Recht erschüttert haben. Und Petitessen wie Buch- oder Vortragshonorare, die Politiker da und dort kassieren, gelten als Beleg dafür, was man ohnehin schon zu wissen glaubt, nämlich: die Politik, *die* Politik, wie es dann gerne heißt, sei ein einziger großer Schweinestall.

Genährt wird solche Kritik von Leuten, die sich Parteienkritiker nennen, die behaupten, die Politiker hätten die Demokratie zum Nährboden für ihre Eigeninteressen gemacht und die von Politikern verlangen, was ansonsten nur von Mönchen und von Klosterschwestern verlangt wird, nämlich selbstlose Aufopferung und Hingabe. Politiker sollen, so heißt es, nicht von der Politik leben, sondern für die Politik. Sie sollen also so gut sein, wie man selber nicht ist. Und wenn Politiker nicht so edel, hilfreich und gut sind, wie man das gerne hätte, wenn es sich also herausstellt, dass sie so ähnlich sind wie ihre Wähler auch, dann redet man über sie so, verzeihen Sie den drastischen Ausdruck, als handelte es sich um die Hausschweine der Demokratie.

Es ist also durchaus Zeit für einen Appell an uns, an die Medienbranche, es ist also durchaus Zeit für eine Verteidigung der Politik gegen ihre Verächter. Die Politik ist doch ein bisschen besser als der Ruf, den wir, oder jedenfalls ein Teil von uns, über die Politik verbreiten. Wären zum Beispiel viele der Ignoranten, die den Politikern grassierende Faulheit vorwerfen, weil sie wieder einmal ein ziemlich leeres Parlament sehen, nur halb so fleißig wie diese, durch das Land würde ein Ruck gehen, wie sich ihn einst der deutsche Bundespräsident Roman Herzog gewünscht hat. Und wer wieder einmal davon schwadroniert, dass Politiker zu viel verdienen, der möge sich kurz vor Augen halten, dass der Chef vom Daimler das Gehalt eines Bundeskanzlers als Taschengeld betrachtet. Und ein Manager eines mittleren Betriebs würde es für eine Beleidigung halten, wenn man ihm ein Abgeordnetengehalt anbietet.

Zu konstatieren ist in der Mediendebatte über Politik, deswegen sage ich das hier so drastisch, eine hysterische Heuchelei. Die Leute erwarten von den Politikern, dass diese stellvertretend für sie moralisch sind. Und wenn sie es nicht sind, prügelt man sozusagen den Schurken in sich selbst. Das ist bequem. Die Ansprüche, die man selber zu erfüllen nicht in der Lage ist, sollen die Politiker einhalten. Sicherlich stimmt es, dass die alte Generalklausel, so etwas tut man nicht, immer weniger Substanz hat. Der Maßstab dafür, was man nicht tut, ist verloren gegangen. Und auf der Suche danach findet man und finden die Medien vor allem Belege für deren Verlust.

Da wird der Politiker gerne als Exempel hergenommen. Er liegt, wie gesagt, unter dem Vergrößerungsglas der Öffentlichkeit, und jeder, der einmal mit einem Mikroskop gearbeitet hat, der weiß, da kriegen auch Winzigkeiten ungewöhnliche Dimensionen. Und weil an den Rädchen, an denen die Vergrößerung eingestellt wird, nicht der Wähler dreht, sondern im Zweifel die *Bild-Zeitung* oder die *Kronen Zeitung*, hat der Wähler auch kein Gefühl für den eingestellten Vergrößerungsfaktor. Alles erscheint ihm gleich ungeheuerlich. Und daher wird dann gerne, wenn über die Sauberkeit von Politik und Politikern geredet wird, die Legende vom preußischen Kammergerichtsrat beschworen. Der brave Mann habe, so lautet die Überlieferung, immer dann, wenn er in der Dämmerung die dienstlichen Akten beiseitelegte, um einen Fachaufsatz zu schreiben, Charakterstärke gezeigt. Er habe nämlich dann das staatseigene Wachslicht gelöscht und dafür sein privates Lichtlein angezündet.

So ähnlich stellt man sich das heute gemeinhin auch vor, wenn es um Dienstwagen und Dienstflüge von Politikern geht. Nur ganz so simpel ist das halt nicht. Das Geschäft eines Spitzenpolitikers funktioniert etwas anders als das des alten Gerichtsrats. Die Treue und die Redlichkeit eines Politikers zeigten sich nicht so sehr darin, ob er, um im Bild zu bleiben, das staatseigene Wachslicht löscht, sondern darin, was er in dessen Licht schreibt. Altbundespräsident Roman Herzog hat schon recht, wenn er meint, in einer Demokratie sei es ein bisschen viel verlangt, dass das Volk ausgerechnet Leute wählen soll, die ihm moralisch haushoch überlegen sind. Trotzdem ist es so, dass der Bürger hinlänglich Sicherheit haben sollte, dass es in seinem Staat korrekt zugeht. Diese Sicherheit ist weg – wegen einer Reihe von Großskandalen, aber auch deswegen, weil von den Medien jeder Kleinkram skandalisiert wird. Es sind deshalb vertrauensbildende Maßnahmen notwendig, die den Wählern wieder Sicherheit geben, aber auch den Politikern selbst.

Symbiosen im politischen Komplex

Es geht um Pressefreiheit. Es geht um das Verhältnis von Journalisten und Politikern: Natürlich sitzen sie nicht in einem Boot, aber sie haben, und daraus resultieren die Gefährlichkeiten, ähnliche Interessen. Beide Berufsgruppen sind auf Außenwirkung angewiesen und beide messen ihren Erfolg an der Art und Weise, wie sie in der Öffentlichkeit dastehen. So kommt es, dass die beiden Typen Menschen, nämlich Politiker und politischer Journalist, im Großen und Ganzen passabel miteinander auskommen. Aber beim Verhältnis zueinander und auch in der Frage der Dominanz hängt sicherlich viel davon ab, ob es sich um einen Spitzenpolitiker oder um einen Hinterbänkler handelt. Generell kann man sagen, der Erfolg des einen ist meist nicht des anderen Schaden.

In der Biologie nennt man so etwas Symbiose: der Hai und sein Putzerfisch, das Nashorn und der Madenpicker. Nur – manchmal weiß man nicht so genau, wer der Hai ist und wer der Putzerfisch. Pressefreiheit ist jedenfalls nicht die Freiheit der Haie und auch nicht die Freiheit der Putzerfische. Pressefreiheit ist nicht eine Freiheit der publizistischen Scharfrichter, auch keine Freiheit der Politik-Claqueure. Pressefreiheit ist die Freiheit verantwortungsvoller Journalisten und Verleger, die wissen: Es ist die Pflicht zu harter Arbeit.

Aus der Werkstatt

Absaufen und Tee trinken

Lampedusa ist der Name für eine europäische Schande: Plädoyer für eine neue EU-Flüchtlingspolitik

Manchmal werden lebende, manchmal tote Flüchtlinge an die Küsten Europas geschwemmt. Die meisten Flüchtlinge gehen einfach unter, werden vom Meer verschluckt. Wenn das absaufende Schiff besonders groß ist, gibt es neue Fotos aus Lampedusa. Die italienische Insel ist für afrikanische Flüchtlinge ein Rettungsreifen – den man ihnen aber, wenn sie ihn erreichen, wieder wegnimmt. EU-Politiker spielen den Pontius Pilatus. Was soll man machen? Sollen die Leute halt nicht in die klapprigen Boote steigen! Sollen sie bleiben, wo sie sind! Sollen sie sich eben nicht in Gefahr begeben! Wer sich aufs Meer begibt, der kommt drin um!

Was soll man machen? Die EU-Politik macht Sicherheitspolitik und betrachtet das Meer als Verbündeten. Das Meer ist das »Ex« der Grenzschutzagentur Frontex. Die EU sichert die Grenzen mit einem Netz von Radaranlagen und Satelliten, mit Hubschraubern und Schiffen, die die Flüchtlingsboote abdrängen. Diese Politik gilt als erfolgreich, wenn keine oder möglichst wenige Flüchtlinge Europa erreichen. Mit welchen Mitteln das funktioniert, fragt kaum einer, allenfalls ein Verein wie Pro Asyl, der seinen Flüchtlings-Gottesdienst unter das Motto von Psalm 69 stellt: »Lass die Tiefe mich nicht verschlingen.« Die EU schützt sich vor Flüchtlingen wie vor Terroristen und behandelt sie so. Wer Lampedusa erreicht, wird nicht aufgenommen nach dem Prinzip »Leistung muss sich lohnen«, sondern rücktransportiert nach dem Motto »Wir können uns euch nicht leisten«. Flüchtlinge gelten als Feinde des Wohlstands. Man fürchtet sie wegen ihrer Zahl. Europa ist zwar nach seiner Selbstbeschreibung ein »Raum der Freiheit, der Sicherheit und des Rechts« – aber nur für die, die schon in Europa leben.

Früher nannte man die Leute, die auf Booten ein neues Leben suchten, Boat People. Aber dieser halbwegs wohlmeinende Begriff ist den Vietnamesen vorbehalten, die vor Jahrzehnten vom Hilfsschiff Cap Anamur aus dem chinesischen Meer gefischt und als »Kontingentflüchtlinge« nach Europa gebracht wurden. Die Zahl war überschaubar. Bei den Flüchtlingen aus Nordafrika ist sie unüberschaubar. Deswegen gibt es keine Hilfsaktionen. Deshalb gibt es keine Pläne, auch nur eine kleine Zahl dieser Flüchtlinge aufzunehmen. Solche Humanität wäre ein falsches Signal, heißt es. Inhumanität ist demzufolge das Richtige.

Aber: Eine Politik gegen »illegale Einwanderung« kann nur dann erfolgreich sein, wenn man auch ein gewisses Maß an legaler Einwanderung akzeptiert. Wenn überhaupt keine Einwanderung zugelassen, wenn gar niemand aufgenommen wird, wenn es auch keine nachhaltigen Versuche gibt, die Verhältnisse in den Fluchtländern zu verbessern – dann wird die Politik allein von den Menschenschmugglern gemacht. Über deren Menschenverachtung kann man dann lamentieren; sie kann gedeihen, weil es in der EU-Politik keine Achtung für die Flüchtlinge gibt. Es gäbe schon ein Mittel, um die Verhältnisse in den Herkunftsländern zu verbessern: Fair play. Solange europäische Butter in Marokko billiger ist als die einheimische, solange französisches Geflügel in Niger weniger kostet als das dortige, solange schwimmende Fischfabriken alles wegfangen, was zappelt – so lange muss man sich über den Exodus aus Afrika nicht wundern. Die EU-Subventionspolitik ist auch eine Politik, die Fluchtursachen schafft. Die politischen Wirren in den Herkunftsländern kommen dazu.

Gegen eine falsche Politik helfen keine neuen Mauern und keine Flüchtlings-Auffanglager an den Küsten. Solche Versuche fördern nur die Illusion, europäische Export-Lebensmittel weiter subventionieren zu können und den europäischen Reichtum nicht teilen zu müssen. Der Kaiser, der in Max Frischs gleichnamigem Stück »Die chinesische Mauer« bauen lässt, tut dies, »um die Zukunft zu verhindern«. Der Kaiser hat in Europa seine Kommissare.

Süddeutsche Zeitung, 8. April 2011

Vergelt's Gott

Die Bayern brauchen die CSU als Staatspartei nicht mehr

Es ist der Herbst der CSU: Die Kommentare der Zeitungen fallen auf die CSU wie welkes Laub; die Meinungsumfragen riechen nach Abschied; der Wahlkampf spiegelt den vergilbten Glanz von alten Sommertagen. Seit Jahrzehnten ist nicht so lang und so entsetzlich viel von den Schwächen, Fehlern und Gebrechen der CSU geschrieben worden. Nun weiß man auf einmal, warum die Christsozialen im Volksmund auch »die Schwarzen« heißen: Schwarz ist die Farbe der Trauer. So manche Reden von Huber und Beckstein gemahnen an den Psalm 129: »Wolltest Du, Herr, der Sünden gedenken, Herr, wer würde da noch besteh'n.« Dieser Psalm spielt im christlichen Begräbnisritus eine wichtige Rolle.

Es ist aber nicht die CSU, die beerdigt wird. Diese CSU steht nach Prozenten noch immer sehr viel besser da als jeder Landesverband der CDU. Zu Grabe getragen wird nur ihr Nimbus, ihr Ruf der Einzigartigkeit, ihre Dominanz, ihre Allmacht. Doch was heißt hier »nur«? Zu Grabe getragen wird damit der Anspruch der CSU, Bayern zu verkörpern – samt Zugspitze, Audi, BMW und Oktoberfest. Zu Grabe getragen wird der Rauten-Absolutismus, beerdigt wird der Glaube, dass Lederhosen und Landratsämter der CSU gehören.

Das Atomei auf dem Acker

Das Requiem für die weiland Staatspartei zelebrieren nicht erst die Wähler am kommenden Sonntag. Dieses Requiem hat schon in den letzten Stoiber-Jahren begonnen, als die Treuesten der Treuen vor der Staatskanzlei protestierten: die hohen bayerischen Richter gegen die Auflösung des traditionsreichen Bayerischen Obersten Landesgerichts und die braven bayerischen Förster gegen die Privatisierung des Staatsforstes. Diese und andere Reformen Stoibers waren in ihrer Brachialität für die CSU-Geschichte fast so etwas wie der bethlehemitische Kindermord für die Weihnachtsgeschichte. Seitdem flüchten auch Traditionswähler vor der CSU.

Beckstein und Huber können den Glanz und die Herrlichkeit der CSU weder auffrischen noch verkörpern. Sie können es nicht nur deswegen nicht, weil sie die Statur dafür nicht haben. Selbst wenn sie Strauß'sche Statur hätten – das Land hat sich so verändert, dass es einen Strauß und die alte absolutistische CSU nicht mehr ertrüge. Diese Veränderung ist ein Verdienst der CSU; sie hat diese Veränderung über Jahrzehnte hin angetrieben, Bayern wurde ein Zuwanderungsland für qualifizierte Arbeitskräfte und ihre Familien; die CSU hat Wirtschaft und Verkehr völlig neu gestaltet, sie hat Bildung aufs Land gebracht; dies alles oft mit grausamen Fehlern, aber immerhin und letztlich doch – Bayern ist heute ein modernes und aufgeklärtes Land. Das ist ein Erfolg der CSU: Die Leute sind so selbstbewusst geworden, dass sie die CSU heute weniger brauchen als früher. Sie brauchen keinen politischen Christophorus und keinen Gebrechlichkeitspfleger mehr.

Die Bayern, bei denen der kraftmeierische Heimatstolz die andere Seite eines latenten Unterlegenheitsgefühls war, sind weltläufiger geworden. Sie leiden nicht mehr an einem heimlichen Minderwertigkeitskomplex, sie müssen ihn also auch nicht durch einen christlich-sozialen Triumphalismus ausgleichen. Aus einer Hegemonialpartei CSU wird daher eine Normalpartei;

und aus der bayerischen Spezialdemokratie wird gewiss keine Sozialdemokratie, aber eine Normaldemokratie. Die politische Landschaft wird vielgestaltiger, die Monochromie, die im Guten wie im Schlechten das Land geprägt hat wie nichts seit den Wittelsbachern, geht zu Ende – und damit wohl auch die Kontinuität bei der Elitenbildung, die zwar nicht demokratisch, aber praktisch und lange Zeit erfolgreich war.

Die neue Selbstsicherheit der Bayern ist nolens volens ein Werk der CSU: Die CSU hat, auch wenn sie das so gar nicht unbedingt wollte, dem Land eine neue Aufklärung geschenkt. Sie hat das Bildungsnetz verdichtet, höhere Schulen in den ländlichen Gebieten gebaut und Universitäten in der Provinz, sie hat die Ausbildung der Grund- und Hauptschullehrer akademisiert, die Bildungsreserve mobilisiert und Bayern an die deutsche Spitze im Pisa-Ranking geführt. Sie hat das Atomei zu den Landeiern gebracht, sie hat aus einem Agrarland ein Hightech-Land gemacht. Die CSU hat ein leistungsfähiges Straßennetz gebaut, so die Mobilität der Bevölkerung des Flächenlandes erhöht und damit das Stadt-Land-Gefälle nivelliert. Nun schwappt die Moderne aus den Zentren in die Provinz, die vielgestaltig, disparat, unübersichtlich und kritisch geworden ist – das Land wächst der CSU über den Kopf.

Der CSU passiert, was Eltern gelegentlich über ihre Kinder sagen: Erst zieht man sie groß, dann werden sie frech. Die Frechheit besteht in diesem Fall nur darin, dass das Wort der CSU nicht mehr so unverrückbar gilt wie einst das Amen in der Kirche. Kluge Eltern wissen, dass das halt so ist. Die CSU muss es noch lernen. Das Land hat sich emanzipiert; und für die CSU bedeutet diese Emanzipation erst einmal Entfremdung: Die Partei hat das früher untrügliche

Gespür dafür verloren, was die Leute wollen. Früher konnte sie die Leut mit Gewerbegebieten, Autobahnen, Ringkanälen und Dreifachturnhallen wunderbar beglücken. Und mit dem Zuschuss für ein neues Tanklöschfahrzeug der Feuerwehr war die Wahl des Stimmkreiskandidaten schon fast gesichert. So einfach funktioniert es nicht mehr. Die Bayern sind anspruchsvoller geworden – dank der CSU.

Es ist auch nicht mehr so, dass die Musik immer da spielt, wo die CSU ist. Die berühmtesten Volksmusikanten sind nicht die, die bei der Weihnachtsfeier der Partei auftreten, sondern die, die sich seit Jahr und Tag über die CSU lustig machen. Die CSU rächte sich damit, dass sie Schulbücher einstampfen ließ, wenn darin ein landeskritisches Liedlein stand. So freilich sieht das Eingeständnis einer Niederlage aus, die sich abseits der Wahlurnen längst ereignet hat: Früher hat die CSU das Neue, das ihr noch Fremde, nicht eingestampft, sondern sich lustvoll einverleibt, Sudetendeutsche und Preußen inklusive. Die CSU hatte gewaltige Inkulturationskraft. Aber auf einmal gibt es junge Bayern, die sich ganz selbstverständlich einen Trachtenhut aufsetzen, aber mit der CSU nicht viel am Hut haben.

Gerhard Polt, Helmut Dietl und Sepp Bierbichler haben eine bayerische Subkultur salonfähig gemacht. Und nun macht eine ganze Generation junger Bayern in Film, Theater und Musik die Furore, die früher die CSU in der deutschen Politik gemacht hat.

Blaskapelle mit neuen Noten

Es gibt auf einmal viel Bayern außerhalb der CSU. Früher rannten die Menschen in Norddeutschland in die großen Säle, wenn Franz Josef Strauß kam. Heute rennen sie ins Kino, um Marcus H. Rosenmüllers »Wer früher stirbt ist länger tot« oder »Schwere Jungs« zu sehen. Ein Christian Stückl inszeniert in Salzburg, in Indien und am Münchner Volkstheater. Und der Schauspieler Maximilian Brückner war der Shooting-Star der Berlinale 2007.

Eine neue bayerische Heimatkultur ist Kult in Deutschland; und dieser Kult hat mit dem krachledernen Getöse, mit dem das Land einige Jahrzehnte lang vermarktet worden ist, nichts zu tun. Es gibt wieder, nicht nur zum Oktoberfest, viel mehr Tracht und Brauchtum als früher. Und wenn einer von auswärts glaubt, die Tracht sei eine Art Parteiuniform der CSU – dann zeigt man ihm einen Vogel. Es ist so: Die CSU ist zwar die Partei, die einst das schöne Bayernland erfunden hat; sie hat aber geglaubt, es sei ausreichend, es einmal, und dann für immer, erfunden zu haben. Jetzt erfindet das Land sich neu, aber die CSU ist nicht dabei.

Das alles ist kein Anlass für Häme und Überheblichkeit, sondern für Dankbarkeit: Vergelt's Gott für alles. Die CSU hat Land und Leute in die Lage versetzt, sich von ihr zu emanzipieren. Das ist eine gewaltige Leistung, darüber darf man sich freuen. Es soll nun so sein wie bei einer schönen bayerischen Beerdigung auf dem Dorf: Nach der Einsegnung holt die Blaskapelle neue Noten heraus, bläst die Melancholie wieder weg, und zieht an der Spitze der Trauergemeinde mit einem fröhlichen Lied ins Wirtshaus zum Leichenschmaus. Das Leben geht weiter.

Süddeutsche Zeitung, 26. September 2008

Tischlein-deck-Dichs Ende

Die schwarze Zukunft der Genossen: SPD-Stichwahl-Siege da und dort, aber keine Trendwende

Jahrzehntelang lebte die SPD in den Städten zwischen Rhein und Weser wie in einem Märchen. Nordrhein-Westfalen war das Tischlein-deck-Dich der Genossen. Wenn ein Parteifreund abtrat, setzte sich ganz selbstverständlich der nächste an den reich gedeckten Tisch – und die Schüsseln füllten sich von selbst. Das Außergewöhnliche, das Wunder großer Mehrheiten immer und immer wieder, wurde den Sozialdemokraten dergestalt zur Gewohnheit, dass sie das Wahlvolk so ähnlich betrachteten wie einen Goldesel: Alle paar Jahre, wenn Wahlen anstanden, riefen sie also »Bricklebritt« – und das brave Tier spie Goldstücke aus, hinten und vorne.

Die SPD glaubte deshalb ihre Mehrheiten in den dortigen Kommunalparlamenten für gesichert auf ewige Zeiten. Diese Ewigkeit endete bei den Kommunalwahlen am 12. September 1999 – und der gestrige Stichwahl-Sonntag hat an dieser für die SPD bitteren Erkenntnis nichts geändert. Zwar haben die Sozialdemokraten gerade noch verhindern können, dass der Pott flächendeckend tiefschwarz eingefärbt wurde – an der politischen Umfärbung der sozialdemokratischen Kernlande können die zum Teil sehr knappen Oberbürgermeister-Erfolge da und dort aber kaum etwas ändern. Wenn die SPD aus den Stichwahl-Siegen, etwa in Wuppertal, Bonn oder Herne, jetzt schon ein Trendwende zu ihren Gunsten macht, dann setzt sie ihre alte Hybris fort. Jeder, der das Märchen vom Tischlein-deck-Dich und vom Goldesel kennt, weiß, dass da auch noch ein »Knüppel aus dem Sack« eine wichtige Rolle spielt. Dieser Knüppel drischt – und da sind wir nicht mehr im Märchen, sondern wieder in der Realität (zum Beispiel in Köln und Düsseldorf) – kräftig auf die Sozialdemokraten ein, und zwar mindestens so heftig wie im Märchen auf den diebischen Wirt: »Der schrie«, so heißt es bei den Gebrüdern Grimm, »zum Erbarmen, aber je lauter er schrie, desto kräftiger schlug der Knüppel ihm den Takt dazu auf den Rücken, bis er endlich erschöpft zur Erde fiel.« So ähnlich ist es in der Abfolge der September-Wahlen, und so ist es insbesondere in Nordrhein-Westfalen.

Die SPD dort kann noch immer kaum glauben, was mit ihr geschieht, sie ist beleidigt, fassungslos, vermag die Verluste an der Basis nicht zu fassen, ist regelrecht ungläubig: Dass der Wähler so grausam sein kann zu ihr! Und so schwankt die SPD im Umgang mit möglichen kleinen Koalitionspartnern zwischen Hochmut und Kleinmut, zwischen Hoffart und Hoffnungslosigkeit. Die Folgen des multiplen Machtverlustes an der Basis sind noch kaum abzusehen. Ein Aufbäumen ist denkbar, das in Regeneration mündet – aber genauso auch ein Verfall der bisherigen Macht- und Parteistrukturen. Die SPD findet ganz offensichtlich das Wort nicht, um das Unheil wieder zu wenden. Im Märchen genügt eine Zauberformel, um den Knüppel wieder im Sack verschwinden zu lassen. So einfach geht es bei den Wählern nicht. Die früheren SPD-Sympathisanten scheinen Lust und Gefallen daran zu finden, es »denen« so richtig zu zeigen. Gibt es auch beim Wählen so etwas wie einen Blutrausch? Die Hoffnung der SPD, das ihr in Nordrhein-Westfalen so lange treue Publikum könnte, mitleiderfüllt, sagen »Jetzt reicht es mit der Abreibung«, erfüllt sich nicht.

Die Siege in den Stichwahlen da und dort sind nur die Überreste der alten Herrlichkeit. Ärger, Zorn und Enttäuschung über eine SPD, die man so, wie sie jetzt ist, nicht mehr leiden kann, stecken tief, legen sich nicht binnen zwei Wochen. Vielmehr wächst die Gefahr, dass sich das zu dauerhafter Verbitterung auswächst.

Es wäre falsch, das Ende der goldenen SPD-Zeiten an Rhein und Ruhr dem Bundeskanzler anzulasten. Das Fiasko in den Kommunen ist erst einmal hausgemacht, die Wählerinnen und Wähler haben vor und in diesem Wahlkampf den Klüngel lauter läuten gehört denn je. Gleichwohl: Die Großwetterlage in Berlin hat natürlich Einfluss – und wenn es nur der ist, dass alte Stammwähler, weil ihnen das Berliner Wetter zuwider ist, zu Hause bleiben. Was sich in Nordrhein-Westfalen abspielt, ist ein Lehrstück für alle, die Mehrheiten für unerschütterlich halten. Hochmut kommt vor dem Fall.

Süddeutsche Zeitung, 27. September 1999

Das Bannflüchlein

Brüssel ist nicht Canossa: Warum die EU-Sanktionen gegen Österreich gut gemeint, aber ganz schön blöd waren

Eigentlich waren es ja gar keine Sanktionen: Die EU hat kein Handelsembargo gegen Österreich verhängt. Sie hat auch nicht die Autobahn nach Innsbruck gesperrt und nicht den Flugverkehr nach Wien eingestellt. In Brüssel wurde kein Bann gegen die schwarzblaue Regierung verlesen. Es wurde nicht einmal ein richtiger Fluch gegen Wolfgang Schüssel und seine von Jörg Haider gestützte Koalition geschleudert. Es war allenfalls ein Bannflüchlein. Die katholische Kirche ist einst, in ihren machtvollen Zeiten, sehr viel rabiater mit echten oder vermeintlichen Abweichlern umgegangen als heute die EU.

Also: Österreichs Mitgliedschaft in der Europäischen Union blieb völlig unangetastet. Kein einziger Artikel des EU-Vertrages wurde auf Eis gelegt, keine einzige Subvention gekürzt, auch kein einziger österreichischer EU-Abgeordneter nach Hause geschickt. Es passierte eigentlich gar nichts Greifbares – es sei denn, man hielte die Stornierung des Kaufs von sechs österreichischen Rettungswagen durch die Belgier für etwas Greifbares.

Schön blöd waren die sogenannten Sanktionen, die keine Sanktionen waren, trotzdem. Und zwar deswegen, weil sie der FPÖ und ihrer partiell widerwärtigen Politik letztendlich mehr genutzt als geschadet haben.

Das Bannflüchlein gegen Wien endete nicht so, wie früher Bannflüche zu enden pflegten: Damals, in den alten Zeiten, kroch selbst ein König zu Kreuze, so wie das Heinrich IV. im Jahr 1076 zu Canossa bei Papst Gregor VII. tat. Wolfgang Schüssel und seine Regierung waren zwar konsterniert und beleidigt und getroffen, aber nach Brüssel krochen sie nicht. Immerhin: Haider trat ein paar Monate nach dem Bannflüchlein formell vom FPÖ-Vorsitz zurück, um seine Satrapen zu installieren und weiterhin inoffizieller Vorsitzender zu sein. Ansonsten hatte die humanitäre Intervention der 14 EU-Staaten in Wien, geboren in einem gruppendynamischen Rausch der 14 Regierungschefs, einen ebensolchen Rausch in Österreich zur Folge – weil auf einmal selbst harte FPÖ-Gegner in Widerstand und Empörung gegen die Interventionisten vereint waren.

Nicht unsympathisch

Die sogenannten Sanktionen, die vor zehn Jahren ganz Europa in Aufruhr versetzen, waren in erster Linie eine symbolträchtige politische Kinderei. Sie waren eine Kraftmeierei ohne Kraft, aber mit Inbrunst: 14 EU-Staaten beschlossen, die jeweiligen bilateralen Beziehungen zum 15. Mitgliedsland, also zu Österreich, einzustellen. 14 EU-Staaten vereinbarten, österreichische Botschafter nur noch auf »technischer Ebene« zu empfangen und Bewerbungen aus Österreich für EU-Posten nicht mehr zu unterstützen. Offizielle Maßregeln gegen Österreich gab der EU-Vertrag nicht her, also griff man zu inoffiziellen, zu informellen Maßnahmen. Die Aktion wurde, und damit war sie doch irgendwie halboffiziell, von der portugiesischen Ratspräsidentschaft verkündet.

Ich gebe zu, dass mir die EU-Intervention nicht unsympathisch war. Sie entsprang einem Gefühl, wie ich es selber immer hatte, wenn ich durch Kärnten gefahren bin: So viel Dummheit in einem Land von solcher Schönheit! Da möchte man bei jedem dieser unsäglichen Wahlplakate anhalten, die gehässigen Antiausländersprüche zerreißen und in den Müll werfen. Aber man darf sich wohl auch nicht aus ehrlicher und berechtigter Empörung dazu hinreißen lassen, den politischen Stil der Haideristen zu kopieren. Empörung ist selten ein guter Ratgeber. Auf politische Sauereien muss man mit kühlem Kopf reagieren. Der hat den Interventionisten gefehlt. Sie hätten im Übrigen zuwarten sollen. So aber entstand der Eindruck: Die neue österreichische Regierung wird schon vor der Tat bestraft.

Wenn man sich in uralten Tagen von der Haftung für die Untaten eines Verwandten lossagen wollte, zerbrach man Erlenzweige über seinem Kopf und warf sie dann in alle vier Himmelsrichtungen; sodann erklärte man öffentlich, mit den Untaten der Sippenmitglieder nichts mehr zu tun haben zu wollen. So steht es in der Lex Salica aus dem Jahr 511 – und so ähnlich verhielt es sich mit der Warnung der 14 EU-Mitglieder vor der Politik der FPÖ. Aber die Lex Salica ist nun einmal nicht mehr in Kraft, nicht einmal in Österreich und Bayern. Das Tamtam war groß, die Substanz gering – der Ertrag negativ. Die Anti-Haider-Intervention ist der fehlgeschlagene Versuch eines großen Exorzismus.

Natürlich war eine Warnung vor der rassistischen Politik des Jörg Haider und seiner seltsamen politischen Spezln grundsätzlich richtig, natürlich bestand Anlass, die extreme Ausländerfeindlichkeit und die unverhohlen braunen Sprüche anzuprangern. Natürlich hatte Haider Sätze von sich gegeben, die einem Demokraten die Haare zu Berge stehen lassen: Er hatte gegen den Verfassungsgerichtshof gehetzt, die Gewaltentrennung infrage gestellt, den Rechtsstaat beschimpft. Er hatte gegen Justiz und Verfassung ähnlich Bösartiges gesagt wie in Italien Berlusconi. Aber da gab und gibt es zwei wichtige Unterschiede: Zum einen hat die FPÖ-Politik, anders als die Brachialpolitik Berlusconis, neonazistische Wurzeln. Zum anderen ist halt Italien viel größer als Österreich. Und gegen die Kleinen oder vermeintlich Kleinen traut man sich eher. Und so steckt auch in der Symbolpolitik ein gutes Stück Realpolitik.

Die Anti-Haider-Intervention ging von Deutschland aus. In Deutschland kannte man eine haiderähnliche Agitation nur von den zwei rechtsextremistischen Parteien, der NPD und den Republikanern. In Deutschland gab es daher die Sorge, eine Wiener Regierung mit einem Rechtsaußen-Koalitionspartner könnte die Rechtsaußenbewegung in Deutschland befruchten und nobilitieren. In Deutschland saßen und sitzen die Braunen zwar nicht im Bundesparlament, aber immerhin in etlichen Landtagen, zumal in Ostdeutschland.

Fanal gegen rechts

Die deutsche Bundesregierung mit dem SPD-Kanzler Gerhard Schröder und dem grünen Außenminister Joschka Fischer an der Spitze betrieb daher die Intervention der 14 EU-Staaten als eine Art Fanal gegen rechts – und man überzeugte auch die portugiesische EU-Ratspräsidentschaft von der Notwendigkeit dieses Fanals. Die Intervention war aus Sicht der deutschen Regierung eine Maßnahme der Spezialprävention gegen Österreich und der Generalprävention gegen rechte Ultras im übrigen Europa. Dass sich anderswo – in Belgien beispielsweise – der Rechtsradikalismus auch schon ganz schön breit gemacht hatte, wurde übersehen. Aber Hitler war ja auch nicht Belgier.

Der von der deutschen Bundesregierung betriebene europäische Abgrenzungsbeschluss war das Pendant zum NPD-Verbotsantrag in Deutschland. Dieser Verbotsantrag, der nach langen und heftigen Debatten Anfang 2001 beim Bundesverfassungsgericht in Karlsruhe gestellt wurde, endete, wie zuvor die »Sanktionen« gegen Österreich, in kompletter Erfolglosigkeit. Dieser Antrag auf ein Verbot der NPD, der schließlich daran scheiterte, dass der Staat seine V-Leute bei der NPD nicht aufdecken wollte, wurde von der deutschen Politik verkündet, als handle es sich um die finale Maßnahme zur Austreibung des Neonazismus, als handle es sich um den großen Exorzismus solemnis, der von Besessenheit befreit. Man tat so, als könne man mit einem NPD-Verbot den Rechtsextremismus als ideologisch-kulturelles Phänomen und Gewaltpotenzial ausschalten. Dieser Verbotsantrag war auch Ausdruck der Fixierung der Politik auf die Täter; um deren Opfer – Ausländer, Flüchtlinge, Schutzbedürftige – kümmerte man sich kaum.

Es verhielt sich mit diesem Antrag auf Verbot der NPD in Deutschland also so ähnlich wie mit dem Interventionsbeschluss der 14 EU-Staaten: Man tat so, als handle es sich um die Fernbedienung für das Fernsehgerät, man tat so, als müsse man nur aufs Knöpfchen drücken – und schon habe man ein anderes Programm. Aber die Fernbedienung funktionierte nicht, in Österreich schon gleich gar nicht. Es war schon ein großer Erfolg Haiders und der FPÖ, dass die Sammelkritik der 14 EU-Länder europaweit als »Sanktion« kommuniziert wurde.

Aus dem Symbolakt der 14 wurde so ein angeblich drakonischer Akt, der den Stolz vieler Österreicher beleidigte – und der nicht zu einer Abgrenzung und Loslösung von der FPÖ, sondern vielfach eher zu einer Solidarisierung mit ihr führte. »Sanktion« kommt vom lateinischen »sanctio«, was so viel wie »Heilung«, »Anerkennung« und »Bestätigung« bedeutet; und »sancire« heißt »heiligen«. Am Ende der Aktion stand genau dies: die Anerkennung einer fatalen österreichischen Politik als letztendlich doch irgendwie ganz erträglich.

Nicht Schüssel und Haider gingen nach Canossa, sondern Canossa schickte eine Abordnung nach Wien – in Gestalt der drei Weisen, die einen »Lagebericht« zu schreiben hatten; mit Hilfe der drei Weisen und ihres Lageberichts schlich sich die EU dann wieder aus der Anti-Österreich-Politik hinaus. Dieser Bericht von Martti Ahtisaari, Jochen Frowein und Marcelino Oreja, genannt »Weisenbericht«, war ein teurer Preis für die Beendigung der symbolischen Intervention.

Es wird nämlich darin unter anderem der beschämenden österreichischen Ausländer-, Flüchtlings- und Migrationspolitik ein falsches Zeugnis ausgestellt: Es wird, beispielsweise, so getan, als sei es in Europa, wie in Österreich, allgemein üblich, minderjährige Flüchtlinge in Schubhaft zu nehmen, sie also unter unzumutbaren Verhältnissen in Haftanstalten einzusperren. Letztlich bekam mit dem Weisenbericht eine intolerable österreichische Politik, ob mit oder ohne Beteiligung der FPÖ, ein europäisches Testat: passt schon, irgendwie. Es passt aber nicht. Und so waren die letzten Dinge eher schlimmer als die ersten.

Außer Spesen nichts gewesen? War die symbolische EU-Intervention ein kompletter Schmarren von vorn bis hinten? Ganz so ist denn doch nicht. Die sogenannten Sanktionen waren ein untauglicher Versuch an einem untauglichen Objekt – aber zur Demonstration einer guten Absicht und in Verfolgung eines wichtigen Ziels: Europa ist nicht nur eine Gemeinschaft der Pfeffersäcke, die EU nicht nur eine Wirtschafts- und Währungsunion; sie ist auch eine Werteunion. Es gibt freilich fürwahr bessere Aktionen, dies zu zeigen.

Gleichwohl sollte der Ärger in Österreich nach zehn Jahren verflogen sein. Europa ist das Beste, was den Deutschen, Franzosen und Italienern, den Österreichern, Tschechen und Belgiern, den Polen und den Spaniern in ihrer langen Geschichte passiert ist. Europa ist die Verwirklichung so vieler alter Friedensschlüsse, die den Frieden dann doch nicht gebracht hatten. Die Europäische Union ist das Ende eines tausendjährigen Krieges, den fast alle gegen alle geführt haben. EU ist das Kürzel für das Goldene Zeitalter der europäischen Historie. Das klingt emphatisch, aber es ist so. Die kurze Geschichte der sogenannten Sanktionen gegen Österreich ist ein kleiner, ein eher unbedeutender Fleck auf dem Glanz. Diese kleine Sanktionsstory gehört zu den Irrungen und Wirrungen, die es auch in einem Goldenen Zeitalter gibt. Auch in einem Paradies gibt es Probleme.

Wunder Europa

»Ich war Europas letzte Chance« – so hat Adolf Hitler vor seinem Ende im Bunker gesagt. Es war eine dämonische »Chance«. Hitler hat auch das noch zerstört und zerschlagen, was vom alten Europa nach dem Ersten Weltkrieg noch übrig geblieben war, er hat die Weltgeltung Europas und dessen politischen und kulturellen Anspruch schauerlich verspielt. Nicht nur Deutschland, auch Europa war 1945 am Ende.

Was dann in Europa geschah, ist mit dem neuerdings viel strapazierten Wort »Wunder« allerdings nur unzulänglich beschrieben. Das »europäische Kleinstaatengerümpel«, wie Hitler es verächtlich genannt hat, tat sich zusammen, überwand den Nationalismus und uralte Feindschaften. Und so ist die Geschichte der EU eine Geschichte der Quadratur des zerstörten Kreises. Dabei gibt es, natürlich, wie vor zehn Jahren, Schwierigkeiten. Aber auch sie gehören zu dieser Geschichte.

Der Standard, 30. Januar 2010

Gnade dem Präsidenten

Man kann Mitleid haben mit Christian Wulff. Er ist nicht, wie es seinem Amtseid entspräche, damit beschäftigt, Schaden vom Volk abzuwenden, sondern Schaden von sich selbst. Er verbraucht all seine Kraft damit, sich zu erklären und seine Fehler zu entschuldigen. Er ist ein Präsident Laokoon – einer, der sich in seinen Widersprüchen verwickelt hat, von ihnen gewürgt wird und sich mit einer und noch einer öffentlichen Erklärung Luft zu verschaffen sucht. Er ist ein Präsident, der sich in seiner Schwäche an seinem Amt festhält, weil ihm das Amt den Halt gibt, den er ansonsten nicht hat. Der Bundespräsident übt, so steht es im Grundgesetz, das Gnadenrecht aus; Wulff ist der erste Bundespräsident, der sich selbst begnadigt.

Wer Christian Wulffs bisheriges Handeln in der Krise resümiert, der ist geneigt, einen Mangel an Professionalität ebenso wie den Mangel an Moralität als Charakterzug zu beschreiben. Wenn er den Weg zum Rücktritt gefunden hätte, wäre das verständlich und richtig. Er findet ihn aber nicht; das kann man nicht ändern. Wulff ist ein junger Präsident, und er klammert sich ans Amt und dessen Gepräge, um nicht zeitlebens als schnell gescheiterter Präsident zu gelten. Bei einem Rücktritt würde er auch die Diskussion über die Berechtigung der Wohltaten aushalten müssen, die der Staat für ein ehemaliges Staatsoberhaupt bereithält. Soll diese Apanage wirklich auch einem Präsidenten gewährt werden, der sein Amt so jung und nur so kurz ausgeübt hat? Gewiss wäre eine solche Diskussion kleinlich, aber diese Kleinlichkeit wäre Buße für die Kleinlichkeit, mit der sich Wulff kleine Vorteile verschafft und diese erst zu verbergen, dann zu verteidigen und im Fernsehinterview soeben gar noch als »menschlich« zu rechtfertigen versucht hat. Wulff will nicht büßen, sondern sich im Amt bewähren.

Sicherlich: Glücklich der Staat, der keine größeren Probleme hat als einen Kredit, den sich sein Präsident günstig beschafft hat! Glücklich der Staat, bei dem die Bedrohung der Pressefreiheit nur darin besteht, dass der Präsident larmoyant und in bettelnder Arroganz auf die Mailbox eines Chefredakteurs redet. Viele Staaten der Erde würden ihre Präsidenten, die sich ganz anderes zuschulden kommen lassen, gern gegen einen Wulff tauschen. Aber das Maß, an dem sich ein Bundespräsident messen lassen muss, findet man nicht in Nigeria, Peru oder Pakistan. Der Maßstab sind Vorgänger, die das Bild von diesem Amt geprägt haben: der großbürgerlich-väterliche Theodor Heuss, der kluge, aber vergessene Gustav Heinemann, der edel-staatsmännische Richard von Weizsäcker. Keiner der Vorgänger von Wulff war ein Heiliger, jeder hatte seine Fehler. Es war vielleicht auch so, dass deren Fehler mit mehr Zurückhaltung kritisiert, dass deren Fehler noch nicht so aufgeblasen wurden. Warum ist das anders geworden? Unter anderem deshalb, weil die Mediengesellschaft über viel mehr und viel größere Gebläse verfügt als die Gesellschaft vor 30 und 40 Jahren. Vielleicht auch deswegen, weil es den Amtsbonus immer weniger gibt, der selbst demjenigen Amtsinhaber eine Aura gab, der keine hatte. Diesen Bonus hat das Internet in einen Malus verwandelt, weil es dort eine besondere Lust daran gibt, aus Dreckkübeln, die in ausländischen Servern gefüllt werden, ungestraft auf Hass-Subjekte zu schütten. Wulff war und ist da eines der Opfer.

Aber er ist vor allem ein Opfer seiner selbst. Er selbst hat kräftig dazu beigetragen, seine Fehler aufzublasen, indem er sie zu vertuschen suchte. Das war sein zweiter Fehler. Der erste Fehler hatte einen Fortsetzungszusammenhang, der in seiner Ministerpräsidentenzeit begann und in die Bundespräsidentenzeit hineinreicht: Wulff umgab und umgibt sich mit den falschen Freunden, zu denen er offenbar auch die *Bild-Zeitung* zählte. Er glaubte, es sei ein schönes Fundament für eine Präsidentschaft, wenn man es mit schönen Bildern aus dem Privat- und Partyleben beklebt. So wurde er, sich selbst blendend, zu einem Talmi-Präsidenten – zu einem, der kein Gefühl entwickelte, wie er dies Amt füllen und was er aus ihm machen sollte.

Der prägendste Satz seines kurzen Wirkens ist der über den Islam: »Der Islam gehört inzwischen auch zu Deutschland.« Dieser Satz sollte der Beginn einer Präsidentschaft unter dem Zeichen der Integration der Einwanderer sein. Nun fällt auf diesen Satz der Schatten der Schwäche des Präsidenten. Er ist mit seinem Amt nicht gewachsen, sondern geschrumpft. Wie gesagt: Man kann daher Mitleid haben mit Wulff; man muss Mitleid haben mit dem Amt, das er nicht ausfüllt. Das Amt, das bis vor Kurzem ein Glücksfall war in der bundesdeutschen Geschichte, ist bemakelt und blamiert. Wenn aber dieses Amt sein Gewicht verliert, gerät das Mobile der deutschen Verfassungsinstitutionen außer Balance.

Vielleicht wird ja von einem Bundespräsidenten viel zu viel erwartet. Das Amt ist Projektionsfläche für viele Sehnsüchte – nach Lauterkeit, Ehrlichkeit und Vorbildlichkeit in der Politik. Das ist viel verlangt, vielleicht zu viel. Gleichwohl: Man steht vor der Frage, wer diesem Amt sein Gewicht wiedergeben kann. Wulff vertraut offenbar darauf, dass er selber das schaffen kann. Mit diesem Vertrauen steht er ziemlich alleine.

Süddeutsche Zeitung, 5. Januar 2012

Was zählt

Vor der großen Erzählung kommt die große Zählung. Die Weihnachtsgeschichte beginnt nicht weihnachtlich, sondern staatlich. Sie beginnt mit der Geschichte von der Erfassung des Lebens, sie beginnt mit der Unterwerfung des Lebens unter die Zahl: Alle aufschreiben, alle erfassen, alles aufzeichnen. Der Gottkaiser Augustus hat allen Bewohnern seines Reiches befohlen, sich in ihren jeweiligen Geburtsstädten registrieren zu lassen. Er setzt damit, zu seinen Zwecken, die ganze Welt in Bewegung. Wie diese Geschichte ausgeht, um wie viel die Steuereinnahmen des Imperiums gestiegen sind – das erfahren wir nicht mehr, weil der Evangelist Lukas diese Zählgeschichte abbricht und eine Gegengeschichte beginnt: die Weihnachtsgeschichte.

Zählen ist Macht

Sie handelt von kleinen Leuten, von Maria und Josef, einem Kind in der Krippe und von Hirten; es ist eine Geschichte über Leute, die zwar gezählt werden, die aber eigentlich nichts zählen. Vordergründig folgen sie dem Gebot. Sie sind gehorsam, machen sich auf den Weg; aber der mündet ganz woanders, nicht bei der Zählung, sondern in einer großen Erzählung. Es beginnt eine Befreiungsgeschichte, in der eine Botschaft »vom Himmel« kommt und der Kontroll-Befehl des Augustus von oben, von Engeln und himmlischen Heerscharen, durchlöchert und abgelöst wird. Abgelöst wird die höchste Instanz, diejenige, die mit Zahlen regiert. Auch wenn man das Ganze nur für ein aberwitzig schönes Märchen hält – das Wahre an dieser Gegengeschichte ist: Sie hat die Welt verändert. Aus der Gegengeschichte über die kleinen Leute ist große Geschichte geworden.

Kein Mensch würde von der Zählung des Augustus wissen, wenn mit ihr nicht die Weihnachtsgeschichte beginnen würde – die als Beginn einer Befreiungsgeschichte gedeutet wird. Sie stellt nicht weniger als einen neuen Himmel und eine neue Erde in Aussicht. Sie hat eine klare Botschaft: Höchstes Wesen ist nicht ein Kaiser, sondern ein Mensch, der ohne Obdach zur Welt kommt. Sie ist die Geschichte von der großen Umkehrung. Im Himmel und auf Erden zählt letztlich nur eine Währung. Die heißt nicht Sesterz, Euro oder Dollar, sondern – Entschuldigung – Liebe. Wer das nicht kapiert, ist ein Schaf, auch wenn er Nobelpreisträger wäre. Und wer das zu gefühlig findet oder sich selber nicht mag, der kann es für sich ja so übersetzen: Man muss den Menschen neben sich nicht mögen, braucht sich keine falschen Gefühle einzureden, muss ihn aber respektieren – ihn also so behandeln, wie man selber behandelt werden will. Dann braucht man nicht die sarrazineske Angst vor den Unterschieden zu haben. Wer die Weihnachtsgeschichte versteht, der sieht den Menschen hinter der Zahl. Das ist Liebe.

Die Kaiser heißen heute anders, sie heißen Markt, Rendite, Effektivität und Sicherheit. In ihrem Namen wird so viel gezählt wie nie zuvor. Es wird gezählt, was die Leute wann und wo kaufen, es werden zu Werbezwecken Profile von ihren Vorlieben angelegt, sie werden zur Einschätzung von Finanzkraft und Kreditwürdigkeit sortiert, ihre Kaufwünsche werden vorausberechnet – im Internet so akribisch und treffsicher wie noch nie. Persönlichste Daten werden umfassend erfasst. Vom Staat, im Interesse der Sicherheit; und von der Wirtschaft, im Interesse guter Geschäfte. Es wird gerankt, evaluiert und angeblich Qualität analysiert, die dann oft wiederum an der Quantität, also an der Zahl, gemessen wird. Gezählt werden auch die Dienste der Menschlichkeit. Pflege wird in Module getaktet; die Krankenschwestern in der häuslichen Pflege sind mit Zeiterfassungsgeräten unterwegs. Die halten fest, ob die vorgeschriebenen knappen Zeiten für die Alten eingehalten werden. Waschen, füttern, Windeln wechseln – alles nach Minuten und Sekunden. Menschliche Begegnung wird aufgefressen von der Zähl- und Nachweisbürokratie. Bei der Betreuung von Suchtkranken, von psychisch Kranken und Wohnungslosen werden »Face-to-Face«-Kontakte gezählt, sie müssen von den »Betroffenen« unterschrieben werden, und nur dafür wird gezahlt. In Sozialdiensten, Medizin und Altenpflege ist es so wie auf dem öffentlichen Klo. Dort hängen die Listen aus, auf denen die Reinigungskräfte eintragen müssen, wann sie geputzt haben.

Eine solche Erfassung scheint für Ordnung in einer unordentlichen Gegenwart zu sorgen. Sie sorgt aber vor allem für Effizienz und Gewinn. Die heutige Allgegenwart der Erfassung ist Kennzeichen und Symbol für eine Gesellschaft in ihrem Übergang von der festen zur flüchtigen Phase der Moderne: Aus Arbeit wird Leiharbeit, aus dem Beruf werden Jobs auf Zeit, aus dem Leben eine Aneinanderreihung von Situationen, wechselnden Rollen, Projekten und Episoden. Arbeit und Leben werden zerlegt in immer kleinere Stücke; stabile Gemeinschaften und soziale Bindungen werden abgelöst von Netzwerken und wechselnden

Patchwork-Konstellationen. Früher gab es Identitätszwänge, aber es gab immerhin Identität; diese Identität wird von Flexibilität abgelöst, und Lebensplanung zu einem Wort aus der Vergangenheit. Das Leben von immer mehr Menschen verliert seinen Faden. Daraus resultieren mehr Ängste als aus den Turbulenzen um den Euro. Der Mensch wird, und das macht Angst, dem Geld immer ähnlicher: Geld treibt dahin, ist flüchtig, ballt sich zusammen. Es muss nicht wundern, dass die Flüchtlingsströme den Geldströmen folgen. Die Existenz dieser Flüchtlinge wird allenfalls als Zahl registriert, ihre Geschichte interessiert niemanden.

Erzählen heilt

Leben wird aber nicht durch Zahlen erfasst, sondern durch Erzählung beschrieben. Eine Lebensgeschichte ist nicht Addition und Subtraktion bestimmter Zahlen und Daten, sondern Erzählung des nicht Be- und Verrechenbaren. Die Weltreligionen wissen davon. Sie stellen den Menschen große Geschichten bereit, in die sie ihre kleinen Lebensgeschichten einschreiben können. Es sind dies allgemein anerkannte Grunderzählungen, in denen die Menschen ihre eigenen Lebenserzählungen miterzählt wissen. Diese großen Geschichten, in der Bibel heißen sie oft Gleichnisse, handeln vom Alltag kleiner Leute, die dem Leben der Bedeutungslosen Bedeutung geben und dabei Krankheit, Verlorenheit, Angst, Verzweiflung und Tod nicht auslassen.

Die Weihnachtsgeschichte ist ein Beispiel. Sie ist Ouvertüre zu vielen anderen Geschichten, in denen gespeist, gerettet, geheilt und von den Toten auferweckt wird. Es sind Hoffnungsgeschichten. Jahrhundertelang haben sich die Menschen darin wiedergefunden. Das funktioniert nicht mehr so richtig, nicht nur wegen der Säkularisierung. Auch deshalb, weil die Menschen in der getakteten Welt das Erzählen und Zuhören verlernt haben. Um zu erzählen, braucht man ein Gegenüber, das die Geschichte hören will und sich die Zeit nimmt. Mit dem Erzählen beginnt die Gegengeschichte zur flüchtigen Moderne, beginnt der Widerspruch. Erzählen schützt davor, im Gefühl der Sinnlosigkeit zu versinken. Erzählen heilt. Zuhören auch. Man nimmt dabei den anderen wahr – als Menschen, nicht als Gefahr. Das ist Weihnachten.

Süddeutsche Zeitung, 24. Dezember 2011